Les Pays-Bas et l'Islam

Jan Herman Brinks

Les Pays-Bas et l'Islam

Vers une nouvelle identité?

Aspekt Éditeur

Les Pays-Bas et l'Islam

Amersfoortsestraat 27, 3769 AD Soesterberg, The Netherlands
info@uitgeverijaspekt.nl – http://www.uitgeverijaspekt.nl

Cover: Aspekt Graphics
Inside: Thomas Wunderink

ISBN: 9789463380812
NUR: 700

Table des matières

Préface

Durant la dernière décennie, les élites politiques et économiques en sont venues de plus en plus souvent à s'opposer. Les politiciens, les scientifiques et les médias sont en règle générale partisans de la cohabitation multiculturelle et adhèrent à un relativisme culturel. Ils considèrent l'islam comme une religion parmi les autres et encouragent l'expansion et l'approfondissement de l'Union européenne.

Diamétralement à l'opposé, une population importante s'oppose à un redoutable super État européen dans lequel l'islam jouerait un rôle proéminent. Ces néerlandais se méfient de leurs dirigeants et des médias, et s'insurgent farouchement contre l'islam par crainte de perdre leur identité nationale. Ils votent fréquemment pour le *Parti pour la liberté* mené par le populiste de droite Geert Wilders. Pour ces électeurs, non seulement l'état-nation fait l'objet d'un débat, mais également d'une certaine vision du monde.

Dans ces articles regroupés, publiés dans *Politique étrangère* entre 2005 et 2014, j'ai essayé de faire la lumière sur l'apparition et la progression de ces oppositions nationales. La radicalisation constante tant du PVV que de ses opposants a modifié la culture politique des Pays-Bas; un pays traditionnellement caractérisé par le libéralisme, la tolérance religieuse et le compromis. Ces caractéristiques n'ont, malgré le durcissement et la détérioration du débat politique, pas disparu ces dix dernières années, bien qu'elles aient été de plus en plus reléguées à l'arrière-plan. Le système politique néerlandais apparaît encore assez stable pour absorber de grandes contraintes et les canaliser. Mais cela va-t-il durer? Rien n'en ait moins certain; les signes en sont plutôt préoccupants.

Groningen, mars 2016.

Les Pays-Bas, entre islam et populisme

Le 3 novembre 2004, le réalisateur néerlandais Theo Van Gogh était assassiné par un extrémiste musulman à Amsterdam. L'assassin, de nationalités néerlandaise et marocaine, avait minutieusement préparé son crime et l'avait exécuté en plein jour. Une lettre laissée sur la dépouille menaçait de mort la femme politique libérale Ayaan Hirsi Ali. Le réalisateur assassiné avait tourné avec elle un court-métrage intitulé *Submission Part 1,* qui fustigeait certains passages misogynes du Coran. Ce film, diffusé à la télévision néerlandaise, provoqua un véritable tollé. Van Gogh et Hirsi Ali reçurent des menaces de mort. Cette dernière accepta une protection rapprochée que Van Gogh refusa. Les autorités néerlandaises n'avaient d'ailleurs pas insisté : depuis le meurtre du populiste d'extrême droite Pim Fortuyn, en mai 2002, les menaces de mort adressées aux hommes politiques étaient monnaie courante. Toutefois, il y eut une fuite d'information : l'agresseur savait que Van Gogh refusait de se laisser intimider et s'opposait à toute protection rapprochée. Peu de temps avant sa mort, le réalisateur semblait fataliste : « Si ça doit arriver, ça arrivera[1]. »

Ce meurtre soulève plusieurs questions. Existe-t-il un lien entre l'assassinat de Theo Van Gogh et celui de Pim Fortuyn, ces deux hommes populaires étant très critiques envers l'islam ? Van Gogh a-t-il franchi la ligne rouge de la décence journalistique et de la liberté d'expression en usant d'un langage très incisif dans ses articles et ses interventions télévisées ? Quelle est au juste la position des musulmans dans la société néerlandaise d'aujourd'hui, et quelles leçons tirer de l'assassinat de Van Gogh pour la société néerlandaise tout entière ?

Van Gogh, Fortuyn : une problématique identique ?
Les similitudes sont frappantes entre les opinions de Theo Van Gogh et celles de Pim Fortuyn, qui étaient d'ailleurs amis. Van Gogh appelait Fortuyn « le divin chauve » et terminait un film sur ce dernier, où il dénonçait la coresponsabilité des hommes politiques néerlandais dans son assassinat. Tout comme Fortuyn, Van Gogh, qui aimait se définir comme un « vieux réac », jouait un rôle de premier plan dans le débat sur l'islam aux Pays-Bas. Mais alors que Fortuyn, qui avait enseigné notamment la « sociologie marxiste » à l'Université, qualifiait l'islam de « stupide » et de « rétrograde », Van Gogh allait bien plus loin, tentant de stimuler le débat sur le caractère multiculturel de la société hollandaise en usant souvent d'expressions injurieuses, avec un goût particulier pour les provocations à l'égard des musulmans.

Il qualifiait le voile d'« invention de connards désireux de restreindre nos libertés[2] ». En mai 2004, dans un débat sur l'avenir de la Hollande organisé au théâtre municipal d'Amsterdam – comble pour l'occasion –, le président de la Ligue arabe européenne, Abou Jahja, se voyait traiter de « maquereau du prophète[3] ». Quant à Fatima Elatik – d'origine marocaine, adjointe au maire d'Amsterdam Job Cohen, selon lequel elle a oeuvré en coulisses et de façon positive pour la communauté marocaine –, elle suscitaitce commentaire : « Je n'ai pas une grande considération pour Mme Elatik et ce qu'elle représente. À mon avis, en 1947, elle aurait expliqué dans la rue que sa conception de la liberté s'accommodait des bottes et des têtes de mort. Si l'on pense que j'exagère, allez parler à ces femmes d'Afghanistan qui, sous leur voile, expérimentent les bienfaits des Talibans[4]. » La liste des citations injurieuses à l'égard de l'islam et des Néerlandais musulmans pourrait aisément être allongée.

Fortuyn et Van Gogh n'ont cessé de mettre en garde face au danger d'un fascisme islamique qui, selon eux, allait mettre en cause les racines mêmes des valeurs occidentales. Tous deux exprimaient une peur profonde de l'islam, partagée par nombre de Néerlandais. Van Gogh redoutait même que n'éclate aux Pays-Bas une guerre civile comparable au conflit nordirlandais.

Van Gogh n'insistait guère sur la dimension économique des craintes des Néerlandais, sur ce mécontentement socio-économique dû à des années d'austérité et qui a progressivement pris un parfum ethnique. La quasi-totalité des hommes politiques du pays prône en effet un néo-libéralisme agressif, les rares voix dissonantes ne faisant que chercher des boucs émissaires. Quant à Fortuyn, il avait appris à tirer parti de cette situation et son audience dépassait de beaucoup son propre parti. Ses idées constituaient un patchwork de slogans de gauche et – surtout – de droite, n'ayant en commun que leur caractère populiste. Contrairement à Fortuyn, récemment désigné « plus grand Néerlandais de tous les temps » lors d'une émission de télévision, Van Gogh n'avait pas d'ambition politique. Il se considérait comme un satiriste et proclamait sans cesse son amour des États-Unis, terre promise d'une totale liberté d'expression.

Dans ce rôle choisi d'amuseur public, Van Gogh pouvait se permettre d'aller bien plus loin que Fortuyn. Et pas seulement sur l'islam. Ses remarques antisémites lui valurent le surnom d'« éternel antisémite ». En 1984, il provoqua la colère de son collègue producteur Léon de Winter en le qualifiant de « messie sans croix » et en le critiquant pour avoir soi-disant utilisé la souffrance des Juifs pour promouvoir son drame *Bastille.* « Ça sent le caramel par ici ? Brûle-t-on des Juifs diabétiques[5] ? » demanda-t-il cyniquement. Van Gogh fut ainsi l'objet d'une plainte du Centre d'information et de documentation sur Israël de La Haye pour une remarque supposée antisémite, mais fut acquitté en 1993. À propos de Job Cohen, maire d'Amsterdam, il avait dit : « De tous les imposteurs qui essaient de nous faire croire que cette société multiculturelle est un enrichissement, Job Cohen est le plus sournois. [...] Cohen gagne vraiment une grande renommée parmi les bouchers d'Allah : un Juif qui rend de petits services[6]. » Cohen s'était vu précédemment qualifié de « collabo par nature[7] ». Le politicien Thom de Graaf, qui avait critiqué Pim Fortuyn en se référant à Anne Frank, s'est vu rétorquer à la télévision : « M. de Graaf irait jusqu'à se taper le cadavre d'Anne Frank si ça pouvait lui rapporter un siège[8]. »

Sans surprise, les déclarations de Theo Van Gogh entraînèrent poursuites judiciaires, démissions et conflits à répétition. Ses critiques ne se bornaient pas à l'islam, à la société multiculturelle ou à certains de ses compatriotes juifs. Ses insultes visaient aussi les homosexuels, les femmes, les chrétiens ou les noirs. Comme pour Fortuyn avant lui, il s'agissait de railler l'establishment politique et culturel néerlandais, trop « politiquement correct ». Van Gogh devint ainsi l'un des personnages favoris du grand public, non pas en dépit mais à cause de ses opinions polémiques. Le jour même de sa mort, des milliers de Néerlandais se réunirent à Amsterdam pour dénoncer un « assassinat d'opinion » et pour défendre la liberté de la presse. Alors que le Premier ministre Jan Peter Balkenende le qualifiait de « défenseur de la liberté d'expression » et parlait d'une « triste journée pour la liberté du débat aux Pays-Bas[9] », le maire d'Amsterdam dut proclamer en urgence une sorte de « trêve des écrans », afin de prévenir tout débordement entre Néerlandais de souche et immigrés. Toutes les organisations islamiques condamnèrent immédiatement et de manière véhémente le meurtre, le Conseil islamique des Pays-Bas – organisation chapeautant les mosquées turques – allant jusqu'à affirmer que l'agresseur « ne pouvait être qualifié de musulman ni même d'être humain[10] ». L'adjoint au maire chargé de l'intégration, des services sociaux et de l'éducation – le Néerlandais d'origine marocaine Ahmed Aboutaleb – provoqua quelques remous en appelant les fidèles d'une mosquée marocaine à respecter les valeurs néerlandaises ou à plier bagage. Toutefois Aboutaleb, qui bénéficie lui-même d'une protection rapprochée, ne put apaiser les sentiments de la population.

À la suite de l'assassinat, des mosquées et des écoles islamiques furent attaquées. Des mesures de sécurité spéciales durent être décrétées et les quartiers à forte concentration d'immigrés firent l'objet d'une surveillance 24 heures sur 24. Quant aux sites de condoléances en ligne, ils durent être fermés quelques heures à peine après leur ouverture, submergés de messages racistes visant directement la population musulmane.

Pratiquement tous les médias et hommes politiques néerlandais ont apporté après ce meurtre leur soutien à Van Gogh, désormais icône de la liberté d'expression. Un rare commentaire critique fut celui du ministre de la Justice, Jan Piet Hein Donner. Peu de temps après le meurtre, il plaida pour la réactivation des articles 147 et 147a du Code pénal définissant un délit de blasphème. Ces articles, édictés dans les années 1930 par son grand-père Jan Donner, alors ministre, n'étaient plus appliqués depuis 1968. Donner s'offusqua du ton que prenait le débat sur l'islam aux Pays-Bas : « Tout comme personne ne devrait être attaqué pour ses convictions sur l'égalité entre hommes et femmes, ou l'égalité des droits pour les homosexuels, on ne devrait pas pouvoir offenser quelqu'un sur ses convictions religieuses[11]. » La proposition fut vite enterrée et le ministre Thom de Graaf dut se contenter de se référer à une note ministérielle renvoyant à un jugement de la Cour européenne des droits de l'homme selon lequel « un croyant ne peut s'attendre à être protégé contre toute critique de sa religion[12] ».

Un malaise qui n'est pas conjoncturel

En 2002, un vent de soulagement parcourut le pays quand on découvrit que le meurtrier de Fortuyn était un militant écologiste, et non un extrémiste musulman. La bombe à retardement n'explosa pas pour l'assassinat de Fortuyn mais pour celui de Van Gogh. Brusquement, une petite minorité s'avisa de ce qu'une guerre avait, pendant plus de 1 000 ans, opposé chrétienté et islam. Sous les critiques de l'avènement d'une société multiculturelle, et de l'islam en particulier, on vit même apparaître quelques projets d'émigration...

Les sentiments islamophobes ne peuvent pourtant pas être liés au seul assassinat de Van Gogh. On doit certes considérer les sondages avec précaution, mais toutes leurs données tendent à accréditer l'existence, aux Pays-Bas, de tensions latentes entre musulmans et non-musulmans. Une enquête réalisée en 2003 par le Nederlands Instituut voor de Publieke Opinie en het Marktonderzoek (Institut de recherche néerlandais sur le marché et l'opinion publique [NIPO] montre que la majorité des musulmans ne se sentent pas chez eux dans la société néerlandaise : 85 % des personnes interrogées ne s'y sentent pas bienvenues, et 69 % sont d'accord avec la proposition selon laquelle un musulman restera toujours un étranger dans la société néerlandaise, quelles que soient ses facultés d'adaptation. Seuls 9 % des Néerlandais de souche pensent que les musulmans font suffisamment d'efforts pour s'intégrer, contre 52 % des musulmans. Parmi les non-musulmans, 51 % se déclarent inquiets en raison de l'augmentation du nombre de musulmans aux Pays-Bas. Près d'un quart des musulmans

(24 %) pense que, d'une manière générale, l'Occident est porteur d'une influence néfaste[13].

Depuis l'assassinat de Van Gogh, l'islam est souvent perçu comme un bloc monolithique, associé à l'extrémisme, au fanatisme religieux, à la suppression des droits de la femme, à la burka ou à la charia, bref à un ensemble de phénomènes incompatibles avec la démocratie libérale occidentale. Cette identification n'est pourtant pas « naturelle » aux Pays-Bas. Le pays accueille depuis bien longtemps des populations musulmanes très mélangées. Elles viennent le plus souvent des anciennes colonies du Surinam et d'Indonésie, et ont réussi, non sans difficultés, leur intégration dans la société néerlandaise. Il n'est pas surprenant que pour elles, il n'y ait pas d'opposition intrinsèque entre religion et liberté démocratique. Les principes fondamentaux de l'islam comprennent en effet plusieurs concepts qui peuvent être rattachés aux valeurs démocratiques contemporaines. Le concept de *shura*, par exemple, renvoie à la consultation mutuelle, et celui de *bajat* au contrat social.

De nombreux experts s'accordent cependant pour reconnaître que la société multiculturelle hollandaise est devenue une illusion. Début 2004, Jacqueline Costa-Lascoux, membre de la commission Stasi, effectuait une visite de travail aux Pays-Bas, durant laquelle elle s'entretint avec nombre d'experts et de praticiens. Elle en rapporta de multiples inquiétudes sur la présence grandissante de fondamentalistes musulmans, sur la formation de ghettos et d'« écoles noires » – c'est-à-dire composées majoritairement d'enfants de familles immigrées –, et sur les tendances démographiques qui, si les évaluations les plus extrêmes se confirment, rendraient les musulmans majoritaires dans presque toutes les grandes villes des Pays-Bas d'ici à 2010. Costa-Lascoux rapporta que presque tous ses interlocuteurs lui avaient parlé, sans hésitation, d'un « échec total » de l'intégration. Membre du Haut conseil à l'intégration français et ancien expert auprès du Conseil de l'Europe, elle qualifia les Pays-Bas de « pays d'Europe le plus vulnérable à l'égard du fondamentalisme musulman ». Des musulmans français avaient d'ailleurs qualifié en sa présence les Pays-Bas de « cible facile[14] ». Les Pays-Bas sont un petit pays et une des zones les plus densément peuplées au monde. La société néerlandaise est très « ouverte », avec des infrastructures très vulnérables. Une minorité agissante, même de taille restreinte, pourrait y perturber la vie sociale assez facilement. De plus, contrairement à la France et au Royaume-Uni, les Pays-Bas n'ont quasiment aucune expérience de la lutte antiterroriste.

La société civile néerlandaise est-elle réellement menacée d'un « raz-demarée islamique » ? D'après les statistiques de CBS, les musulmans représentent dans le pays près d'un million de personnes sur une population totale de plus de 16 millions. Au début de l'année 2004, environ 945 000 musulmans vivaient aux Pays-Bas – le double du chiffre de 1990 –, soit 5,8 % de la population néerlandaise totale. Les deux tiers des musulmans vivant aux Pays-Bas sont d'origine turque ou marocaine[15] et habitent principalement les grandes villes. Ainsi, 13 % de la population d'Amsterdam et de sa banlieue est musulmane. Ce chiffre s'élève à 11,4 % pour La Haye et à 10,2 % pour le quartier Rijnmond de Rotterdam[16]. Les Turcs, comme les Marocains, ressentent une forte solidarité de groupe, renforcée par le fait que la législation néerlandaise autorise la double nationalité. Une récente recherche du Sociaal en Cultureel Planbureau (Bureau de planification culturelle et sociale [SCP]) montre que, en dépit d'une tendance à la sécularisation, la deuxième génération continue de s'identifier à l'islam et que beaucoup choisissent un conjoint de leur pays d'origine. Selon les chercheurs, 60 % de la population de souche (pour d'autres chercheurs, le chiffre serait seulement de 40 %) se réclameraient d'une affiliation religieuse précise. En revanche, pas moins de 95 à 97 % des Turcs et des Marocains se considèrent musulmans. Pour l'immense majorité de ces immigrés, ne pas être musulman est tout simplement impensable. Il est tout aussi évident que nombre de musulmans considèrent la religion comme un « marqueur ethnique[17] ».

Le processus de sécularisation n'a bien sûr pas épargné les communautés islamiques ; mais la tolérance a des limites. L'« expérimentation sur la tolérance politique », menée par le SCP avant la mort de Van Gogh, démontre que dès lors que la religion est en jeu, et plus particulièrement lorsque des non-croyants se moquent de la religion, une majorité de personnes interrogées s'oppose à toute remise en cause de la liberté d'expression. Une immense majorité de jeunes de la population de souche (75 %) est favorable à la liberté d'expression pour les non-croyants, même si un quart a tout de même des objections. Seule une petite minorité des immigrés défend la liberté totale d'expression, y compris quand la religion est ridiculisée (17 % des jeunes Turcs et 7 % des jeunes Marocains, seulement 10 % et 6 % des Turcs et Marocains plus âgés)[18].

Peu après la mort de Van Gogh, ces opinions relativement rigides sur la religion furent confirmées par un autre sondage. Une grande majorité (71 %) des sondés déclara que les attaques contre l'islam devaient être traitées plus fermement, alors que 12 % s'opposaient à cette proposition. 51 % des musulmans néerlandais exprimaient alors leur soutien à la création d'un parti musulman, un sondé sur cinq s'y déclarant opposé. Plus de la moitié de ceux qui considéraient favorablement la création d'un parti musulman pensait que ce parti devait adopter la charia comme référence[19]. La volonté d'introduire la charia, qui se trouve souvent en rupture avec les principes libéraux de l'Occident, peut donc aussi être vue comme un acte de défiance à l'égard de la culture néerlandaise.

La défiance semble pourtant réciproque. Dans le cas des négociations d'adhésion de la Turquie à l'Union européenne par exemple, le fossé est profond entre hommes politiques et opinion publique. Les hommes politiques sont en général favorables à la future adhésion turque, alors que l'opinion publique est divisée. Les résultats d'un sondage montrent que 48 % des Néerlandais soutiennent les négociations, 46 % s'y opposant. Seuls 35 % sont favorables à la perspective de voir la Turquie rejoindre l'Union d'ici 10 ans ; 55 % s'y opposent. Il est également intéressant de noter que nombre de Néerlandais pensent que leur opinion est sans importance, puisque 58 % estiment que, de toute façon, la Turquie deviendra membre de l'UE[20]. Les arguments les plus courants contre l'adhésion de la Turquie sont que le pays ne fait pas partie de l'Europe, et que son adhésion représenterait un fardeau pour les contribuables. En outre, beaucoup pensent que l'adhésion de la Turquie s'accompagnerait d'un flot de migrants, qui pourrait engendrer une montée du terrorisme islamique en Europe.

Ajoutons que, si 2005 correspond au 400e anniversaire des relations entre le Maroc et les Pays-Bas, les relations entre les deux pays ne sont pas aussi cordiales qu'on le souhaiterait. En décembre 2004, lors de la cérémonie d'ouverture de l'année des célébrations, le ministre marocain de la Culture, Mohamed Achaari, crut bon de souligner que le fait que l'assassin de Theo Van Gogh ait « la nationalité marocaine ne signifie pas que nous lui ayons demandé de le tuer[21] ». Son collègue Mohamed Bouzoubaa, ministre de la Justice, expliqua alors que son pays n'était pas à l'origine d'« actes de terreur » aux Pays-Bas. Le 16 décembre 2004, il s'opposa dans le quotidien *Aujourd'hui Le Maroc,* à l'image d'un Maroc « nid de terroristes[22] ».

Une remise en cause nationale?

La minorité musulmane confronte les Pays-Bas à des questions et à des dilemmes souvent déjà « résolus » dans le passé par sa population de souche. La nation hollandaise est fondée sur une tradition marchande et en majorité calviniste. C'est seulement à la suite d'un laborieux processus d'émancipation que les catholiques, longtemps considérés comme des citoyens de seconde zone, ont obtenu l'égalité des droits. En

1848, la Constitution de Johan Rudolf Thorbecke établit enfin la démocratie constitutionnelle. La liberté de culte est proclamée, ainsi que la séparation de l'Église et de l'État. En 1917, toutes les congrégations religieuses se voient garantir la liberté d'éducation. La liberté d'expression est protégée par la loi, tout comme le principe de non-discrimination. Alors que les chantres de l'intégration graduelle des musulmans dans la société néerlandaise font référence au processus d'émancipation des catholiques, les opposants à cette évolution soulignent que les catholiques, à l'inverse des musulmans qui viennent pour l'essentiel de Turquie ou du Maroc, ne sont jamais allés à l'encontre des valeurs judéo-chrétiennes et humanistes qui sont à la base de la culture néerlandaise.

Il existe aux Pays-Bas un subtil équilibre entre liberté religieuse et séparation de l'Église et de l'État, entre liberté d'expression et rejet des discriminations, entre liberté d'éducation et protection des élèves contre l'endoctrinement, entre égalité des droits pour tous les citoyens et dérogations pour les minorités religieuses. Il est bien évidemment impossible pour le législateur de codifier tous les éléments qui composent cet équilibre subtil ; il faut dès lors s'en remettre aux coutumes, aux règles implicites et aux codes culturels cachés. En mai 2001, l'imam El-Moumni, qui vit aux Pays-Bas, provoqua un vif émoi en décrivant l'homosexualité comme une maladie dangereuse et contagieuse. El-Moumni se défendit en invoquant la liberté d'expression, mais son argumentation se heurtait à l'article 1 de la Constitution néerlandaise qui énonce le principe de non-discrimination. C'est Pim Fortuyn en personne, homosexuel déclaré, qui entendait faire abolir l'article 1, ce qui lui aurait permis de critiquer plus facilement les immigrés. Les musulmans auraient pu engager des poursuites contre Van Gogh pour avoir insulté la population musulmane mais ils s'abstinrent de le faire : un éventuel acquittement aurait jeté de l'huile sur le feu.

Ces dilemmes juridiques furent davantage mis en avant à propos des questions éducatives. De nombreux Néerlandais, musulmans ou non, scolarisent leurs enfants dans des établissements religieux. Après la mort de Van Gogh, les principaux leaders libéraux recommandèrent l'abolition de l'article 23 de la Constitution qui définit le droit pour chaque religion de fonder ses propres écoles et de recevoir des subventions publiques. D'après les libéraux, une telle abrogation éradiquerait l'islam politique. Inutile de dire que les hommes politiques chrétiens se sont battus pour maintenir un article de la Constitution chèrement acquis.

Les observateurs étrangers se demandent pourquoi les Pays-Bas, parmi tant d'autres pays, semblent expérimenter les premiers le « clash des civilisations ». L'étonnement se nourrit de l'image exagérément positive dont jouit traditionnellement le pays. Contrairement à cette image trop souvent répandue, les Pays-Bas n'ont jamais constitué un modèle de tolérance[23]. On devrait beaucoup moins parler d'une tolérance réelle des Néerlandais de souche à l'égard des immigrés, que d'une sorte d'indifférence organisée.

Un des résultats du relativisme culturel dominant a été la mise sous silence, de la part de l'establishment politique et culturel, de nombre de problèmes opposant les Néerlandais de souche aux immigrés. Une telle politique a d'ailleurs été facilitée par le fait que, d'une manière générale, les Néerlandais ne possèdent pas un sentiment d'identité nationale très structuré. D'où, sans doute, l'adoption si enthousiaste de la « pensée européenne » par les hommes politiques néerlandais. Les « valeurs européennes » en gestation ont encore un contenu artificiel et font en fait souvent référence, de manière implicite, à l'« idéologie occidentale ». Les rivalités européennes, qui pourraient interférer avec les intérêts économiques et politiques, sont au contraire éludées. L'extrémisme islamique peut être une vraie source d'inquiétude pour certains ; mais d'autres peuvent s'en servir pour détourner l'attention des problèmes économiques et sociaux, et cimenter l'« idéologie européenne ».

La question cruciale est bien entendu de savoir si les communautés musulmanes souhaitent ou non développer un sentiment de loyauté envers l'État-nation néerlandais. Les jeunes Marocains et Turcs des deuxième et troisième générations ne se sentent souvent ni étrangers, ni néerlandais. En outre, la participation politique et le système de représentation laissent largement à désirer. Beaucoup d'immigrés se sentent peu ou pas représentés par les hommes politiques, et tentent d'échapper à tout engagement envers l'État en s'impliquant dans des réseaux transnationaux. Leurs critiques de la représentation politique sont au demeurant partagées par beaucoup de Néerlandais de souche.

Fortuyn était très populaire non seulement parce qu'il critiquait l'Islam, mais aussi parce qu'il décriait la culture politique néerlandaise. Sur ce point, la plupart des experts du pays l'approuvaient. Deux jours avant son assassinat, ces derniers se plaignaient de l'état déplorable de la démocratie néerlandaise. Pour certains chercheurs réputés, les Pays-Bas ne seraient qu'un mirage démocratique, avec un système politique bouclé par l'administration et des partis politiques qui ne sont guère plus que des tremplins pour des carrières personnelles. Hans Daudt, un des meilleurs politologues néerlandais, souligne que les Pays-Bas sont un pays où les droits fondamentaux sont respectés, mais, ajoute-t-il, « il ne faut pas prétendre que la Hollande est ce qu'elle n'est pas : une démocratie avec de vrais représentants du peuple ». Pour Daudt, les Pays-Bas sont en fait gouvernés par une « classe dirigeante » qui ressemble fortement « à la République du XVIIe siècle » : « La différence avec le passé est que, tout au plus, les positions dominantes ne sont plus héréditaires et ne sont plus réservées exclusivement à l'aristocratie puisqu'elles sont désormais accessibles à la bourgeoisie. » Le politologue Peter Mair de Leiden parle même d'une « démocratie de cartel », et son collègue de Maastricht Nico Baakman va plus loin encore : les responsables politiques doivent « prouver que, quelle que soit leur couleur politique, ils ont été socialisés à l'intérieur du système. Ils doivent pouvoir s'adapter, faire des compromis et garder le silence. Le système ne peut donc pas bénéficier aux éléments non-conformes[24]. »

Pour beaucoup de Néerlandais, Fortuyn et Van Gogh incarnaient ces éléments hors-système, ces personnalités difficiles à contrôler. Tous deux étaient les produits radicaux d'une culture du consensus empêchant tout débat ouvert sur l'intégration et la loyauté à l'égard des valeurs néerlandaises, entre autres sujets. Van Gogh se qualifiait lui-même d'« enfant professionnel », se comportant comme tel. Tout comme Fortuyn, il critiquait la complaisance d'artistes, de médias et surtout d'hommes politiques qu'il jugeait déconnectés de la réalité. Il flirtait avec les limites de la liberté de la presse, et contribua d'ailleurs à les repousser. Dans sa dernière interview, il assurait qu'il n'avait pas besoin de s'inquiéter pour sa vie : son « arrogance » le protégerait – « je crois que l'arrogance est un tel vecteur de charisme que la balle n'arrivera pas jusqu'à moi[25]. » Il s'est trompé.

Son arrogance a apparemment peu servi l'intégration de la population musulmane dans la société néerlandaise. Elle a au contraire polarisé et dramatisé la situation. Les communautés musulmanes, dont la majorité rejette toute violence religieuse, doivent savoir si elles veulent réellement respecter les règles de la société néerlandaise, et comment elles peuvent traiter leurs propres éléments violents. On a pu entendre aussi, du côté musulman, quelques réactions inquiétantes : « Après ce qui s'est passé pour Fortuyn, il aurait dû savoir ce qui allait arriver », commentait, menaçante, une jeune fille musulmane sans voile à la télévision…

Une sorte de guerre froide semble s'installer durablement aux Pays-Bas entre musulmans et non-musulmans. Sybrand van Hulst, chef du Algemene Inlichtingen en Veiligheidsdienst (Service général de renseignement et de sécurité [AIVD]) insiste : « Nous ne devons pas considérer le meurtre de Van Gogh comme un incident isolé et continuer comme si de rien n'était : c'est hors de question[26] ! » Triste constat, largement approuvé dans le pays.

Les Pays-Bas, entre Islam et Populisme, *Politique étrangère,* 3, 2005, pp 587-98.

Notes:

1. Interview de Theo Van Gogh, *RVU Educatieve Omroep*, 29 octobre 2004, disponible sur <www.rvu.nl/ rvu.php?i=1&l=0&n=426> (tous les sites Internet ont été consultés le 2 août 2005).
2. « Beledigen was z'n lust en leven. Citaten van Theo Van Gogh » (« Insulter était son passe-temps favori. Citations de Theo Van Gogh »), *De Telegraaf,* 3 novembre 2004
3. Voir le site Internet de Theo Van Gogh : <www.degezonderoker.nl>.
4. T. Van Gogh, *Allah weet het beter (Allah sait mieux),* Amsterdam, XTRA Producties, 2003, p. 109.
5. K. Kuijpers, « Theo Van Gogh ; Rebel zonder reden » (« Entretien avec Theo Van Gogh ; Rebelle sans cause »), *Algemeen Dagblad,* 20 novembre 1993.
6. *De Telegraaf,* op. cit. [2].
7. Cf. T. Van Gogh, « Steek ze in Brand of schop ze dood » (« Brûlez-les ou piétinez-les jusqu'à la mort »), <www.degezonderoker.nl/elatik_nova.html>.
8. T. Van Gogh, *op. cit.* [4], p. 14.
9. *Cf.* « Van Gogh was voorvechter van het vrije word » (« Van Gogh était un défenseur du monde libre »), site du gouvernement néerlandais, <www.regering.nl/actueel/nieuwsarchief/2004/11November/02/0-42- 1_42-50266.jsp>.

10. « Moordenaar lid terreurorganisatie » (« Le tueur est membre d'une organisation terroriste »), *Trouw*, 3 novembre 2004, p. 1
11. C. Tiggelovern, « Discussie over godslastering barst los » (« Le débat sur le blasphème éclate »), *Radio Netherlands,* 16 novembre 2004, disponible sur <www2.rnw.nl/rnw/nl/achtergronden/nederland/ nederlandsepolitiek/act20041116_godslastering?view=Standard>.
12. « De Graaf ziet geen reden hardere aanpak belediging » (« De Graaf ne voit pas pourquoi on devrait durcir la politique sur les insultes »), *De Telegraaf*, 15 novembre 2004.
13. E. Nieuwenhuizen, « Publieke opinie en de multiculturele samenleving in Nederland » (« L'opinion publique et la société multiculturelle aux Pays-Bas »), Landelijk Bureau ter Bestrijding van Rassendiscriminatie (Bureau national contre la discrimination raciale), Rotterdam, 6 septembre 2003, disponible sur <www.lbr.nl/?node=1926>.
14. P. Kottman, « Moslims zien Nederland als een pakje boter » (« Les musulmans considèrent les Pays- Bas comme une cible facile »), *NRC-Handelsblad*, 2 février 2004.
15. À la fin de l'année 2003, il y avait 453 mosquées aux Pays-Bas : 206 étaient liées aux Turcs, 92 aux Marocains et seulement 6 aux Surinamiens. Cf. K. Phalet, J. Ter Wal, C. Van Praag, « Moslim in Nederland. Een onderzoek naar de religieuze betrokkenheid van Turken en Marokkanen. Samenvatting » (« Musulman aux Pays-Bas. Une enquête sur l'engagement religieux des Turcs et des Marocains. Résumé »), *Onderzoeksrapport* (« rapport de recherche »), Sociaal en Cultureel Planbureau, « SCPReport », La Haye, 2004/9SCP, p. 35.
16. Cf. CBS, *Statistics Netherlands*, disponible sur <www.cbs.nl/nl/publicaties/artikelen/algemeen/webmagazine/ artikelen/2004/1543k.htm>.
17. *SCP-Report, op. cit.* [15], résumé p. 7 et 40.
18. *SCP-Report*, partie C, SCP-werkdocument 106c, La Haye, 2004, p. 76.
19. « Helft van moslims wil eigen partij » (« La moitié des musulmans veut son propre parti »), *Het Parool*, 11 décembre 2004. Ces résultats sont le produit d'une enquête menée par le bureau Foquz Ethnomarketing et comman-

dée par l'émission de télévision Nova, disponible sur <www.parool.nl/nieuws/2004/DEC/ 11/bin2.html>. Ils doivent être comparés à ceux obtenus lors d'une enquête menée par le Bureau de planification culturelle et sociale (*SCP-Report, op. cit.* [15], résumé, p. 21) avant la mort de Van Gogh et selon lesquels « la grande majorité des Turcs (95 %) et des Marocains (82 %) ne sont pas favorables à l'introduction de la loi islamique pour les musulmans aux Pays-Bas ».

20. *Cf.* « Peiling : Nederland verdeeld over EU-besluit (« Sondage : Les Pays-Bas divisés à propos de la décision de l'UE »), Nos Nieuws/Achtergronden, 23 novembre 2004, disponible sur <www.nos.nl/nieuws/ achtergronden/europeseunie/turkije_peiling_dehond.html>.
21. *Cf.* « Marokko : Moord v. Gogh niet onze zaak » (« Maroc : le meurtre de Van Gogh n'est pas notre affaire »), disponible sur <www.nos.nl/nieuws/artikelen/2004/12/16/marokkomoordvgoghnietonzezaak.html>
22. *Cf.* « Marokko neemt afstand van terrorisme Nederland » (« Le Maroc prend ses distances vis-à-vis du terrorisme aux Pays-Bas »), disponible sur <www.elsevier.nl/nieuws/nederland/nieuwsbericht/asp/ artnr/16979/versie/1>.
23. La collaboration néerlandaise avec l'Allemagne nazie est à cet égard un bon exemple. Cf. J. H. Brinks, « The Dutch, the Germans and the Jews », *History Today,* vol. 49 (6), juin 1999, p. 17-23, disponible sur <www.sussex.ac.uk/Units/cgjs/publications/hbdutgerjew.html>.
24. G. Van Westerloo, « De illusie van democratie » (« L'illusion de la démocratie »), *M NRC-Handelsblad*, mai 2002, p. 30-36.
25. Interview de Theo Van Gogh réalisée le 29 octobre 2004. *RVU Educatieve Omroep*, disponible sur <www.rvu.nl/rvu.php?i=3&l=0&n=221>.
26. R. Schoof et M. de Waard, « Het ronselen voor de jihad gaat volop door ; Politiek sloeg volgens Sybrand van Hulst (AIVD) waarschuwingen te lang in de wind » (« Le recrutement pour le djihad se poursuit sans relâche. Selon Sybrand van Hulst (AIVD), les politiciens ont négligé les avertissements depuis trop longtemps »), *NRC Handelsblad*, 31 décembre 2004, disponible sur

<www.minbzk.nl/wwwaivdnl/ actueel_publicaties/ander_nieuws/interview_met_hoofd>. En juillet 2005, le Pew Research Center aux États-Unis indiquait qu'aux Pays-Bas, la majorité des personnes interrogées avaient une opinion défavorable des musulmans (51 %). Les élections ont montré que les Pays-Bas étaient en tête des 17 pays interrogés (voir <pewglobal.org/reports/display.php?PageID=809>).

Fragilités du pacte démocratique aux Pays-Bas : Geert Wilders et l'islam

Les dernières élections générales aux Pays-Bas ont provoqué un séisme politique. Le 9 juin 2010, près d'un million et demi de Néerlandais ont voté pour le Parti pour la liberté (Partij voor de Vrijheid, PVV) de Geert Wilders[1]. Les Pays-Bas comptent parmi les démocraties parlementaires les plus stables du monde, et ont une longue tradition de liberté et de tolérance : comment expliquer le succès du parti populiste de droite qu'est le PVV, devenu en peu de temps le troisième parti du pays ?

Aux élections européennes de 2009, le PVV, eurosceptique, s'était déjà imposé comme la seconde force politique du pays[2]. Aux municipales de mars 2010, il s'est introduit aux mairies des deux seules villes où il s'était présenté – Almere et La Haye –, respectivement comme premier et second partenaire[3].

Le PVV ne compte fondamentalement qu'un seul membre : Geert Wilders. Économiquement, il s'agit d'un parti néolibéral, pour lequel l'intervention de l'État doit se limiter au minimum : G. Wilders insiste sur la nécessité de réduire la sécurité sociale et se dresse contre les avancées des syndicats – il prône une plus grande flexibilité du marché du travail et juge superflus les accords collectifs. Il vante les vertus de l'auto-adaptation et est en faveur de la mise en place d'un impôt à taux unique frappant tous les revenus.

Dans son programme politique néoconservateur, G. Wilders accorde pourtant un rôle important à l'État. Il préconise la fermeté en matière d'ordre public et la tolérance zéro envers les criminels. Il est en faveur de l'intervention de l'armée, si nécessaire, dans les affaires intérieures. Il souhaite également importer des États-Unis le principe de *three strikes you're out* : la perpétuité pour les criminels ayant commis trois crimes violents. Le PVV voudrait créer des camps de rééducation pour les délinquants, introduire dans les registres officiels des références aux origines ethniques « pour tous », et légitimer les fouilles au corps préventives. Les Antilles néerlandaises – territoire d'outre-mer dont l'image est souvent associée à la drogue, à la corruption et à l'incompétence administrative – ne devraient selon lui plus faire partie du Royaume des Pays-Bas[4].

Le pouvoir de séduction du PVV sur l'électorat néerlandais repose sur deux piliers principaux : des options sévèrement anti-islamiques, et une critique virulente de la classe politique dirigeante nationale. Ces deux thèmes peuvent être considérés comme la continuation et la radicalisation des idées du populiste de droite Pim Fortuyn[5], assassiné le 6 mai 2002.

Plainte contre le modèle multiculturel néerlandais

La critique de l'islam s'insère dans une diatribe plus générale contre le concept de société multiculturelle. Sous les gouvernements de « coalition violette » Wim Kok I et II (1994-2002), qui regroupaient sociaux-démocrates (Partij van de Arbeid, PvdA), libéraux (Volkspartij voor Vrijheid en Democratie, VVD) et sociaux-libéraux (Democraten 66, D66), l'afflux de migrants avait exacerbé les tensions entre Néerlandais « de souche » et immigrés, phénomène alors passé inaperçu ou sous silence. Ces tensions – en particulier entre musulmans et non-musulmans – se sont accrues après les attentats du 11 septembre et les assassinats de Pim Fortuyn comme du réalisateur Theo Van Gogh. À l'instar de Fortuyn, Wilders – qui considère l'islam à travers le prisme presque unique du fondamentalisme, du terrorisme et des échecs de la politique d'immigration –, adopte une position dure. Il affirme redouter que l'Europe ne se transforme en « Eurabie ». Dans son ouvrage de 2005, *Choisissons la liberté : une réponse franche*, il décrit une culture néerlandaise « fondée sur les valeurs humanistes judéochrétiennes et non sur celles de l'islam ». Sa vision se résume à une affirmation : « l'islam et la démocratie sont incompatibles [6]».

En mars de l'année suivante, dans son manifeste électoral *Parlons clairement*, G. Wilders exprime son souhait de modifier l'article I de la Constitution. Vu la position des musulmans dans la société néerlandaise, il suggère de le remplacer par une autre rédaction. Dans le manifeste, il explique que : « Tant que la communauté musulmane néerlandaise n'aura pas clairement accepté et embrassé l'ordre et les lois de l'État constitutionnel des Pays-Bas, la base de confiance n'existe pas qui permettrait de lui conférer les mêmes droits constitutionnels et les mêmes libertés qu'aux autres groupes du pays, qui ont créé et soutiennent cet ordre et ces lois [7] ».

Lors du débat de politique générale du 19 septembre 2007, G. Wilders présente au Parlement ses « Dix priorités », insistant sur l'urgence d'une « désislamisation » des Pays-Bas. Parmi celles-ci : l'interdiction immédiate et totale de l'immigration en provenance des pays musulmans, l'interdiction de construire de nouvelles mosquées, la fermeture de toutes les écoles islamiques et l'introduction de lois interdisant le port de la *burqa* et bannissant « le Coran fasciste[8] ».

Dans son plan pour l'immigration du 19 octobre 2006, il propose 18 mesures pour limiter l'afflux d'étrangers dans le pays, dont un « contrat d'assimilation » dans lequel chaque migrant s'engagerait à « partager les valeurs et normes dominantes de la société néerlandaise ». Il se déclare en faveur du retour des immigrés dans leur pays d'origine[9] et estime, en outre, que ces derniers devraient avoir vécu et travaillé aux Pays-Bas dix ans avant de pouvoir prétendre à la naturalisation.

Son aversion vis-à-vis de l'islam, qu'il présente comme une idéologie politique, est profondément liée au terrorisme islamique. Début 2008, réagissant à une publicité dans laquelle des personnalités néerlandaises appelaient la population à rompre la « spirale négative de l'intolérance et de l'indifférence », G. Wilders déclarait : « L'islam ne mérite pas notre respect ; nous devons nous opposer bec et ongles à cette idéologie intolérante et fasciste[10] ».

Le PVV insiste donc sur la nécessité de fermer les écoles islamiques et les mosquées où l'on prêche la violence et souhaite abolir la discrimination sexuelle islamique ainsi que les subventions pour les médias islamiques, et la double nationalité. Surtout, il réclame une interdiction totale de l'immigration en provenance des pays islamiques. G. Wilders exige également l'introduction d'une clause conférant aux Pays-Bas – et non à Bruxelles – la décision sur les questions liées à l'immigration[11].

Ses requêtes sont formulées de manière très polémique. Le 16 septembre 2009, au Parlement, il prônait l'introduction d'une taxe « pour les guenilles sur la tête »: une amende pour les femmes musulmanes portant le foulard. « Pour améliorer la qualité de l'environnement, il faut commencer par soimême [...] il s'agit-là d'une pollution de l'espace public [...]. Le foulard est en fait le signe de l'oppression de la femme, un signe de soumission, de conquête. C'est le symbole d'une idéologie qui attend de nous coloniser. C'est pourquoi il est temps de faire un grand ménage de printemps dans nos rues[12] ». Ayant reçu plusieurs menaces de mort, G. Wilders est désormais sous surveillance rapprochée.

Mais la lutte contre l'islam est également au coeur de sa politique étrangère. G. Wilders s'oppose à l'entrée de la Turquie dans l'Union européenne (UE) : « La Turquie n'est pas un pays européen et n'a donc rien à faire dans l'UE, ni aujourd'hui, ni dans dix, vingt ou trente ans. La Turquie ne fera jamais partie de l'UE ; trop d'arguments s'y opposent[13] ». Il souligne les différences culturelles, le fait que les relations entre la Turquie et ses voisins islamiques ne feraient que se dégrader en cas d'admission au sein de l'Union, et met en garde contre l'afflux de migrants qui résulterait de l'adhésion. Le 5 mars 2010, venu présenter son film *Fitna* à Londres, il trouve le Premier ministre turc Recep Tayyip Erdogan de « totalement bizarre », et décrit le prophète Mahomet comme « un barbare, un meurtrier de masse et un pédophile[14] ».

La mise en scène des enjeux de l'intégration

Si de larges parts de l'électorat néerlandais soutiennent le PVV, c'est d'abord parce que, comme la List Pim Fortuyn, il s'oppose à la ligne politique officielle sur les questions d'immigration et d'intégration. Nombre de Néerlandais « de souche » considèrent l'idée d'une société multiculturelle – soutenue par les partis dominants – comme obsolète ou malavisée. Pour eux, elle n'est pas favorable à une meilleure intégration, mais a au contraire aggravé la ghettoïsation et la ségrégation. Le concept de cloisonnement en fonction des positions sociopolitiques qui caractérisait la société néerlandaise du début du XX e siècle – comme par exemple les « compartiments » protestants, catholiques ou socialistes –, ne paraît plus pertinent. Les tensions entre ethnies, en particulier entre musulmans et non-musulmans dans les quartiers ouvriers des grandes villes, sont ainsi instrumentalisées par G. Wilders pour mobiliser son électorat.

En 2006, selon l'institut Statistics Netherlands, environ 5 % de la population néerlandaise – soit plus de 850 000 personnes – était musulmane. Les Turcs (près de 325 000) et les Marocains (plus de 260 000) constituent les plus grands groupes de musulmans[15]. Les recherches mettent en évidence une radicalisation de certaines parties de la population de souche, comme de la population d'origine étrangère. En 2000, Karen Phalet et d'autres estimaient qu'environ 5 % des jeunes immigrés, comme des jeunes de souche, adoptaient des positions fondamentalistes, ou nationalistes[16] . En 2006, les journalistes d'investigation Sanne Groot Koerkamp et Marije Veerman brossaient un tableau encore plus sombre. Dans une enquête sur les jeunes sympathisants du djihad aux Pays-Bas, ils concluaient que « le djihad existe bel et bien pour beaucoup de jeunes musulmans... La majorité des jeunes interviewés estiment qu'un djihad violent est inéluctable aux Pays-Bas[17] ».

Cette conclusion est relativisée par le Service général de renseignement et de sécurité néerlandais (Algemene Inlichtingen en Veiligheidsdienst, AIVD), qui estime que la majorité des musulmans néerlandais ne soutiennent pas l'islam radical. En 2009, son rapport annuel concluait : « Les publications de l'AIVD concernant les risques de salafisme et les mesures consécutives prises par le gouvernement, y compris à l'échelle locale, ont permis une résistance de plus en plus forte à la radicalisation au sein de la communauté musulmane néerlandaise. De fait, c'est un important terreau du terrorisme djihadiste qui s'est affaibli. Une grande partie de la communauté musulmane néerlandaise, aussi bien au niveau local que régional, se déclare de plus en plus opposée au message anti-intégrationniste, intolérant et isolationniste du salafisme. Cette résistance de plus en plus forte provoque désormais une stagnation du mouvement salafiste dans notre pays[18] ».

L'intégration des musulmans dans la société néerlandaise reste malgré tout problématique. La préférence des immigrés pour les mariages entre membres de leur groupe ethnique[19], le chômage, la pauvreté, le développement d'écoles séparées et la réticence de certains cercles à adopter les valeurs laïques de la culture néerlandaise constituent des obstacles majeurs. Cela transparaît clairement dans les statistiques concernant les jeunes d'origine marocaine. Des recherches criminologiques menées en 2010 montrent que 23 % des hommes néerlandais et 5 % des femmes néerlandaises « de souche » nés en 1984 ont eu affaire à la police au moins une fois avant l'âge de 23 ans. Les jeunes d'origine non néerlandaise, nés aux Pays-Bas en 1984 (classés par le pays de naissance d'au moins un de leurs parents), sont surreprésentés dans les rapports de police. Cette surreprésentation est la plus forte chez les garçons d'origine marocaine : 54 % d'entre eux y apparaissent au moins une fois, et un tiers de ces 54 % y apparaissent cinq fois ou plus. Les jeunes filles d'origine marocaine y sont également surreprésentées[20].

G. Wilders fustige tous ces délinquants. En septembre 2008, il affirmait au Parlement : « Nous sommes en train de perdre notre pays. Nous sommes en train de perdre les Pays-Bas. Notre pays est menacé par l'immigration de masse, par un afflux d'immigrants que nous n'arrivons plus à contrôler. Il est menacé par une culture de régression et de violence. Il est menacé par ces voyous marocains qui ne sont bons qu'à jurer, cracher et agresser des innocents ; qui rôdent autour des cours d'écoles et dans nos rues ; qui font des doigts d'honneur aux cortèges funèbres ; qui menacent et attaquent les personnels ambulanciers, qui agressent les homosexuels et traitent les femmes de 'salopes'. Ils acceptent volontiers nos avantages sociaux, nos maisons et nos médecins, mais pas nos normes ni nos valeurs... Les élites du pays appellent naïvement ces Marocains qui viennent tout détruire ici les « nouveaux Néerlandais ». Moi, je les appelle des « colonisateurs ». Des colonisateurs musulmans. Car ils ne viennent pas pour s'intégrer à notre société, mais pour prendre le contrôle du pays, pour nous réduire à la soumission[21] ».

Un déclassement de la sphère politique

Si la critique de l'islam est omniprésente dans les prises de position de G. Wilders, le PVV ne se limite pas à cette obsession. Ces dernières années, G. Wilders a également soulevé le problème plus global de la culture politique du pays. Fortuyn avait déjà dénoncé le manque de démocratie dans son ouvrage de 2002 (*Les dégâts causés par huit ans de coalition violette*) , où il écrivait : « Le système est devenu un circuit fermé et incestueux formé d'une élite politique et administrative qui s'auto-nomme et s'auto-suffit. Ca sent le moisi là-dedans, et même très franchement, ça pue [22] ».

Les deux hommes ont reçu des soutiens inattendus. Le 4 mai 2002, deux jours avant l'assassinat de P. Fortuyn, le *NRC-Handelsblad*, principal titre libéral-conservateur du pays, déplorait l'état pitoyable de la démocratie néerlandaise, citant des chercheurs de renom pour qui les Pays-Bas ne donnent que l'illusion d'une démocratie. Ces derniers déploraient que la politique s'y limite à des questions administratives, et que les partis politiques y soient réduits au statut de tremplins de carrière.

Hans Daudt, éminence grise de la science politique néerlandaise, professeur émérite à l'université d'Amsterdam, considère que les droits fondamentaux sont garantis pour tous aux Pays-Bas « mais [qu']il ne faudrait pas en faire, à coup de slogans, ce qu'ils ne sont pas : une démocratie avec des représentants du peuple ». Pour lui, les Pays-Bas sont en fait gouvernés par une « classe gouvernante » qui ressemble fortement à « la république telle qu'elle fut établie au XVIIe siècle ». « La seule différence », pour H. Daudt, « est que les postes ne sont plus héréditaires mais sont, de nos jours, répartis entre les membres de l'aristocratie et ceux de la bourgeoisie. Hors cette caractéristique contemporaine, la différence ne paraît pas si grande... Aux Pays-Bas, on n'est toujours pas choisi pour une fonction en raison de ses qualités spécifiques, car la classe politique est déterminée à garder les affaires sous contrôle ». Le politologue Peter Mair de Leiden parle d'une « démocratie de cartels » et son collègue Nico Baakman, de Maastricht, va plus loin, affirmant que pour accéder à une fonction politique, il faut d'abord prouver son intégration au système, se montrer capable de changer d'avis, de compromis et de discrétion... « Le système ne laisse pas de place à ceux qui ne rentrent pas dans le moule[23] ».

Depuis l'assassinat de P. Fortuyn en 2002, les choses n'ont guère changé quant à cette sclérose, largement critiquée, de la culture politique néerlandaise. De plus en plus de membres de la classe politique font l'objet d'attaques verbales, ou de menaces de violence physique. Quelques mois seulement après, Paul Rosenmöller, chef du parti écologique de gauche GroenLinks, se retirait de la vie politique à la suite de menaces de mort. Depuis la mort de T. Van Gogh en 2004, les actes d'intimidation ont tendance à se développer aux Pays-Bas. L'ennemi personnel de Pim Fortuyn, Ad Melkert, président du PvdA, a aussi été exposé à de sérieuses menaces et a dû déménager à Washington. Dans le même temps, dans la police de la région de La Haye une équipe spéciale de protection des personnalités politiques a été mise en place ; elle enquête sur les menaces qui pèsent non seulement contre G. Wilders mais aussi contre des ministres, secrétaires d'État, des membres des deux chambres du Parlement, des maires ou des conseillers municipaux.

Si G. Wilders ne parle que pour lui-même, il est néanmoins très conscient de ce que ressent le grand public. Il ne se passe guère de jour sans que celui qui se décrit comme « un homme politique de conviction[24] » appelle l'attention des médias. Tout comme P. Fortuyn, il est férocement critiqué par les milieux politiques, universitaire et journalistique, qui redoutent surtout de donner une image négative des Pays-Bas pouvant mettre à mal leurs intérêts commerciaux. Mais ces critiques ne semblent pas sensibiliser la plus large portion de l'électorat. Au contraire, nombreux sont ceux qui voient dans la personnalité autoritaire de G. Wilders un excellent moyen de prendre sa revanche sur la classe gouvernante.

Ses critiques de l'ordre politique et administratif établi sont en effet très explicites : « Je ne veux plus voir une élite de mous et de peureux (quel que soit leur parti) faire n'importe quoi avec notre pays. La culture des excuses permanentes et du politiquement correct face au drame du multiculturalisme n'est qu'un exemple du kidnapping des Pays-Bas auquel se livre cette élite politique. C'est pourquoi je veux la combattre aussi sur d'autres fronts. Je veux rendre notre pays à ses citoyens[25] ». Pour G. Wilders, les Pays-Bas sont sur le point de « dire adieu à leurs plus anciennes racines, de les troquer contre le multiculturalisme, le relativisme culturel et un superÉtat européen, le tout sous la direction d'une élite politique suffisante, égarée depuis bien longtemps déjà. Je proclame mon indépendance vis-àvis de cette élite[26] »

Son programme électoral pour 2010-2015 le proclame : « Pour la plupart des problèmes qui ravagent les Pays-Bas, le diagnostic est le même : les élites se sont éloignées des réalités du terrain et agissent de leur propre chef, d'une manière qui ne bénéficie pas aux gens ordinaires. Nos élites ont cédé à l'illusion que toutes les cultures – et les valeurs qui leur sont propres – sont équivalentes. Tout se vaut. Il n'existe plus ni bien ni mal pour elles, toutes les cultures sont les mêmes, qu'il s'agisse de l'islam ou du christianisme, de l'excision ou bien de savoir si l'on doit se serrer la main ou non – peu importe ![27] »

Pour beaucoup de Néerlandais, la « dilution » des Pays-Bas dans l'UE sans consultation préalable de la population, le passage à l'euro et son corollaire, l'augmentation du coût de la vie, les privatisations, les énormes subventions accordées aux banques et financées avec l'argent du contribuable pendant la crise économique, l'absence de toute poursuite contre les responsables de mauvaise gestion financière sont autant de facteurs décrédibilisant la classe politique établie. Il semble en effet que la prévalence du néolibéralisme et la disparition insidieuse des principes égalitaires dans les démocraties occidentales, que le politologue Colin Crouch qualifie de « post-démocraties », sont particulièrement marquées aux Pays-Bas. Crouch avance que, derrière une façade de principes démocratiques formels, « certaines élites favorisées sont en train de reprendre progressivement le contrôle des affaires politiques et gouvernementales, d'une manière caractéristique de l'époque prédémocratique[28] ».

G. Wilders constituerait donc un symptôme plus qu'une cause de la crise de légitimité de la sphère politique. Le manque de confiance envers la classe politique renforce aussi le scepticisme général à l'égard du processus d'unification européenne. On l'a vu lors du référendum de 2005, où les Néerlandais ont massivement voté contre le projet de constitution européenne[29].

Sur l'UE, la position du PVV est ambiguë. Officiellement, le parti est sceptique vis-à-vis de la coopération entre États, à l'exception des affaires économiques et monétaires. G. Wilders déclare : « L'Union européenne constitue une autre atteinte à notre démocratie. Elle ressemble de plus en plus à l'ancienne Union soviétique. Il s'agit d'un super-État, dont les pouvoirs vont trop loin, sans contrôle démocratique suffisant. Son soi-disant parlement n'a aucune influence.

Bruxelles essaie de se maintenir debout par une propagande de masse ; mais les milliards payés par les contribuables ne parviennent pas à masquer le fait qu'il y a de moins en moins de sentiment d'appartenance à l'UE. Le référendum sur la constitution européenne en est un bel exemple : deux tiers de la chambre basse du Parlement ont voté pour ; deux tiers des citoyens néerlandais ont voté contre. C'est ce qui s'appelle un décalage ![30] ».

Un pacte démocratique fragilisé

En sus de ses griefs contre le « népotisme », le « cercle fermé des bureaucrates de Bruxelles », « l'utopie multiculturelle européenne », et l'admission de la Turquie dans l'UE, G. Wilders prône l'introduction de référendums à force obligatoire – une opinion partagée bien au-delà de son parti. Mais sa critique de la politique vis-à-vis des immigrés, et en particulier de l'islam, reste l'élément central de ses arguments. Et quiconque critique ses assertions un peu trop publiquement s'expose aux lettres de menaces… C'est d'ailleurs aussi le cas de tous ceux qui critiquent la religion musulmane. Depuis Voltaire, la liberté de critiquer une religion – et donc l'islam – est un droit acquis ; les élites culturelles néerlandaises échouent pourtant régulièrement à le protéger, l'indulgence et l'autocensure prévalant progressivement. En 2004, après la présentation du court-métrage *Submission* de Theo van Gogh et Ayaan Hirsi Ali, le ministre de l'Économie Laurens Jan Brinkhorst (D66) déclarait : « Vous savez ce qui se passe quand on allume une cigarette dans un dépôt de munitions. Un film comme celui-là est certes admissible, mais pas raisonnable, à mon avis. Je trouve que l'agitation qu'il a provoquée parmi les musulmans est tout à fait compréhensible... Pour moi, ce n'est pas une question de liberté d'expression. Si je traitais ma voisine de « sale pute » toute la journée alors qu'elle est juste devant sa maison, je ne serais pas étonné de la voir se mettre en colère[31] ». Le refus du gouvernement néerlandais d'assurer, en 2007, la sécurité d'Ayaan Hirsi Ali hors des Pays-Bas n'a pas été l'unique tentative pour apaiser la communauté islamique. En mai 2005, le politicien libéral Hans Dijkstal (VVD) avait suggéré de remplacer le lundi de Pentecôte par la fête de l'Aïd[32]. En juin 2006, le ministre de la Justice chrétien-démocrate Piet Hein Donner (Christen Democratisch Appèl, CDA) déclarait : « S'il y a bien une chose dont je suis certain, c'est que si demain les deux tiers des Néerlandais voulaient instituer la charia, il faudrait que ce soit possible, n'est-ce pas ? On ne peut pas légalement l'empêcher. Ce serait aussi moralement impossible de dire : c'est interdit ! La majorité l'emporte ; c'est l'essence même de la démocratie[33] ». Cette déclaration est d'autant plus remarquable qu'en 2003, la Cour européenne des droits de l'homme de Strasbourg avait jugé, dans un arrêt sur le bien-fondé de l'interdiction du Parti de la prospérité (Refah Parti) turco-islamique, que « la charia [était] incompatible avec les principes fondamentaux de la démocratie[34] ».

Nombre de membres du gouvernement tentent d'éviter les tensions entre Néerlandais « de souche » et population étrangère, craignant qu'elles n'échappent à tout contrôle et ne produisent de graves crises, comme dans les banlieues françaises.

Dans la sphère politique mais aussi parmi les élites culturelles, l'autocensure est de plus en plus présente afin d'éviter de froisser la communauté islamique, aux Pays-Bas comme ailleurs. C'est sans doute pourquoi le musée municipal de La Haye a décidé de ne pas exposer une partie de l'oeuvre de l'artiste néerlandaise d'origine iranienne Sooreh Hera, née en 1973. Hera, qui met en scène, entre autres, l'image de deux homosexuels affublés de masques de Mahomet et de son gendre Ali, a immédiatement reçu des menaces. Elle commente : « Ce pays aussi commence à ressembler à une dictature[35] », et se voit refuser la protection du gouvernement néerlandais. Dans une interview, l'artiste confirme que le responsable de l'ordre public et de la sécurité d'Amsterdam lui a conseillé de se trouver un refuge pour sans-abri[36]. Ranti Tjan, conservateur du MuseumgoudA à Gouda qui se proposait d'exposer les images controversées, a dû être placé sous surveillance policière. Les artistes critiquant l'islam marchent sur des oeufs… Naima El Bezaz, auteur d'origine marocaine qui critique la coercition religieuse islamique et traite librement de la sexualité, a décidé en 2007 de ne pas se produire en public : elle a également été menacée, notamment de lapidation.

G. Wilders s'élève non seulement contre l'autocensure, les jeunes délinquants d'origine étrangère, et la rigidification de la culture politique du pays ; mais questionne aussi l'identité nationale qui, de l'avis de beaucoup, est en train de se perdre. En un sens, les progrès constants du PVV aux élections peuvent être vus comme le sismographe d'une crise identitaire qui touche autant la population « de souche » que les immigrés, et ronge le pays depuis la fin de la guerre froide.

Dans la population néerlandaise « de souche », la confusion politique et morale favorise le retour aux normes et valeurs traditionnelles. Du côté des immigrés, surtout de deuxième et troisième générations, se développent des tensions dues à la recherche d'une identité culturelle propre où l'islam joue souvent un rôle important. Quelques déclarations inutiles témoignent de maladroites tentatives pour dédramatiser la situation, comme celles de Máxima Zorreguieta, épouse (originaire d'Argentine) du prince héritier Willem-Alexander, qui dit avoir cherché en vain l'identité néerlandaise et pour qui « le Néerlandais typique » n'existe pas[37]...

***

La montée de l'islam politisé, la rigidité du système politique, la crise économique, la remise en question de la société multiculturelle, l'avancée dans la construction européenne sans consultation préalable de la population, la crainte d'un « État islamique dans l'État » sont à l'origine d'une vaste confusion. L'ascension de Geert Wilders en est la conséquence, plus que la cause. Pour beaucoup, voter pour le PVV c'est simplement voter contre la classe politique. La critique des résolutions simplistes et provocatrices du PVV n'affecte guère ni le parti, ni ceux qui le suivent. La plupart des électeurs du PVV ne s'attendent sans doute pas à voir ses revendications se concrétiser. Ils veulent surtout que leurs insatisfactions se fassent entendre au Parlement.

Le fait que le PVV n'ait pas intégré la nouvelle coalition au pouvoir ne constitue qu'un maigre réconfort. Les chrétiens-démocrates et les libéraux qui forment désormais un gouvernement minoritaire ont signé un « accord de tolérance » avec G. Wilders : ce dernier les soutiendra sur les questions importantes, en particulier sur la réduction des dépenses publiques. En échange, il pourra compter sur leur appui pour sa politique d'immigration et d'intégration, et il exprimera ses jugements sur l'islam au Parlement...

Par cet accord, le PVV obtient un rôle comparable à celui de son homologue danois, le Parti populaire (Dansk Folkeparti) de Pia Kjaersgaard. À l'instar du gouvernement danois, les nouveaux dirigeants néerlandais vont dépendre de la tolérance de G. Wilders.

Geert Wilders ressemble à un maître marionnettiste qui tient entre ses mains le sort de ce nouveau gouvernement, le plus à droite de toute l'histoire néerlandaise.

Grâce à cet « accord de différence », celui-ci se trouve en position de cogouverner, sans porter la moindre responsabilité politique. Les tensions entre population « de souche » et immigrés, combinées à une crise de confiance généralisée envers la sphère politique, contribuent largement à son succès.

Fragilités du pacte démocratique aux Pays-Bas: Geert Wilders et l'islam, *Politique étrangère,* 4, 2010, 899-911.

Notes:

1. Résultats officiels des élections à la chambre basse. Le nombre total d'inscrits s'élevait à 12 524 152, dont 9 442 977 ont voté, soit un taux de participation de 75,4 %, voir *Tweedekamer.nl.*
2. « PVV boekt grote winst, zware nederlaag PvdA » (« Le PVV en grand progrès, lourde défaite pour le Parti travailliste »), *NRC Handelsblad* , 5 juin 2009.
3. « CDA, PvdA en SP verliezen fors bij raadsverkiezingen » (« Lourdes défaites pour l'Appel démocrate-chrétien, le Parti travailliste et le Parti socialiste », *NRC Handelsblad*, 4 mars 2010.
4. Programme électoral du Parti pour la liberté, *De agenda van hoop en optimisme. Een tijd om te kiezen: PVV 2010-2015* (« Un programme d'espoir et d'optimisme. Le temps de la décision : le PVV 2010-2015 »), 2010, disponible sur *Pvv.nl.*
5. J. H. Brinks, « Les Pays-Bas entre islam et populisme », *Politique étrangère* , vol. 70, n° 3, 2005.
6 G. Wilders, *Kies voor Vrijheid. Een eerlijk antwoord* (« Choisissons la Liberté : une réponse franche »), La Haye, 2005, p. 85 et 121.
7. G. Wilders, *Klare Wijn* (« Parlons clairement »), 2006, disponible sur *Geertwilders.nl.*
8. *Inbreng Wilders bij debat Algemene Politieke Beschouwingen*, (« Contribution de Wilders au débat de politique générale »), 19 septembre, 2007, disponible sur *Geertwilders.nl.*
9. G. Wilders, et S. Fritsma, *PVV-immigratieplan: achttien maatregelen om de stroom ECHT in te dammen* (« Plan pour l'immigration du PVV : dix-huit mesures pour maîtriser efficacement les flux »), 19 octobre 2006, disponible sur *Geertwilders.nl.*
10. Manifeste Terpstra : van 'preek' tot 'het beste begin' (« Manifeste Terpstra: du « sermon » au « meilleur commencement » »), *Trouw*, 3 janvier 2008.
11. Programme électoral du Parti pour la liberté, 2010, *op. cit.* [4], p. 15.

12. *Inbreng Wilders bij debat Algemene Politieke Beschouwingen*, (« Contribution de Wilders au débat de politique générale »), 16 septembre 2009, disponible sur *Pvv.nl.*
13. G. Wilders, 2005, *op. cit.* [6], p. 87.
14. G.J. Van Teeffelen, « Wilders schokt pers in Londen », (« Wilders choque la presse à Londres »), *Volkskrant*, 5 mars 2010.
15. Tendance démographique, troisième trimestre de l'année 2007 (sources : Statistics Netherlands). De nouvelles estimations ont revu ces chiffres à la baisse : selon l'ancien calcul, le nombre de musulmans aurait dépassé le million en 2006, voir « Ruim 850 duizend islamieten in Nederland », disponible sur *Cbs.nl.*
16. K. Phalet, C. Van Lotringen et H. Entzinger, *Islam in de multiculturele samenleving. Opvattingen van jongeren in Rotterdam* (« L'Islam dans la société multiculturelle. L'opinion des jeunes de Rotterdam »), Utrecht, European Research Centre on Migration and Ethnic Relations / Université d'Utrecht, mai 2000, p. 182.
17. S. Groot Koerkamp et M. Veerman, « Het slapende leger. Een zoektocht naar jonge jihad-sympathisanten in Nederland » (« Une armée au repos : à la recherche de jeunes sympathisants du djihad aux Pays-Bas »), Amsterdam, 2006, p. 193. Selon l'étude *Radicaux et Démocrates* (2006) menée par l'Institute for Migration & Ethnic Studies d'Amsterdam, 40 % des jeunes Marocains rejettent les valeurs de la démocratie occidentale. 6 % à 7 % d'entre eux se déclarent prêts à défendre l'islam par la force. J. Groen et M. Kruijt, « Bijna helft jonge Marokkanen antiwesters » (« Près de la moitié des jeunes Marocains sont anti-occidentaux »), *Volkskrant*, 14 juin 2006.
18. AIVD, *Jaarverslag annuel 2009*, Service général de renseignement et de sécurité, disponible sur *Jaarverslag.aivd.nl.*, p. 19.
19. Seuls 10 % des hommes d'origine turque ou marocaine nouvellement mariés en 2006 ont épousé des femmes néerlandaises de souche. CBS, Institut Statistics Netherlands, *Emancipatiemonitor, CBS* 2008, p. 33.
20. A. Blokland, K. Grimbergen, W. Bernasco et P. Nieuwbeerta, *Criminaliteit en etniciteit. Criminele car-*

rières van autochtone en allochtone jongeren uit het geboortecohort 1984 (« Délinquance et ethnicité. Parcours de jeunes délinquants néerlandais de souche et immigrés nés aux Pays-Bas en 1984 », *Tijdschrift voor Criminologie*, 2010, vol. 52, n° 2, p. 122.

21. *Inbreng Wilders bij debat Algemene Politieke Beschouwingen*, (« Contribution de Wilders au débat de politique générale »), 17 septembre 2008, disponible sur *'Pvv.nl'*
22. P. Fortuyn, *De Puinhopen van acht jaar Paars* (« Les dégâts causés par huit ans de coalition violette »), Rotterdam, Karakter Uitgevers, 2002, p. 136.
23. G. Westerloo, « De illusie van democratie » (« L'illusion de la démocratie »), *M NRC-Handelsblad*, 4 mai 2002 ; J.H. Brinks, *op. cit.* [5].
24. G. Wilders, 2005, *op. cit.* [6], p. 64.
25. G. Wilders, 2005, *op. cit.* [6], p. 106.
26. *Ibidem*, p. 107.
27. Programme électoral du Parti pour la liberté, 2010, *op. cit.* [4], p. 5.
28. C. Crouch, *Post-Democracy*, Cambridge (R.-U.), Polity Press, 2004, p. 6.
29. Lors des élections, 61,6 % des électeurs néerlandais ont voté contre le Traité constitutionnel, avec une participation de 63,3 %, voir « Referendum over Europese grondwet », 2005, disponible sur *Rijksoverheid.nl*
30. Programme électoral du Parti pour la liberté, 2010, *op. cit.* [4], p. 17.
31. M. Kleijwegt et M. Van Weezel, *Het land van haat en nijd. Hoe Nederland radicaal veranderde* (« Un pays de haine et de convoitise. Comment les Pays-Bas ont changé radicalement »), Amsterdam, Balans, 2006, p. 184.
32. M. Kleijwegt et M. Van Weezel, « Ik vind dat Jan Peter onrecht wordt aangedaan », (« Jan Peter est victime de calomnie »), interview du ministre Maxime Verhagen, *Vrij Nederland*, 13 décembre 2006.
33. M. Kleijwegt et M. Van Weezel, *op. cit.* [31].
34. Fiche d'informations sur la juridiction de la charia. Forum de l'Instituut voor Multiculturele Ontwikkeling, 13 février 2003, disponible sur *Forum.nl.*

35. R. Hollak, « “Musea die werk weigeren - dit land lijkt op een dictatuur”. Sooreh Hera over het besluit van het Gemeentemuseum om haar werk niet te tonen », (« “Des musées qui refusent des oeuvres... ce pays ressemble à une dictature” : Sooreh Hera, à propos de la décision du musée municipal de La Haye de ne pas exposer ses oeuvres »), *NRC Handelsblad*, 3 décembre 2007.
36. « Ik vrees voor mijn leven » (« Je crains pour ma vie »), *Volkskrant*, 22 mars 2008.
37. « Máxima miskent in haar optimisme politieke realiteit en volksgevoel » (« L'optimisme de Máxima nie la réalité politique et le sentiment populaire »), *Trouw*, 28 septembre 2007.

Les Pays-Bas et la crise du multiculturalisme

Les Pays-Bas sont depuis beau temps une démocratie libérale où tolérance et consensus sont règles sacrées. Depuis quelques années pourtant, le pays est politiquement divisé. L'immigration actuelle et la politique d'intégration, encouragée par une grande majorité des élites culturelle et politique, se trouvent apparemment à la source d'un mécontentement généralisé.

politique étrangère

Le multiculturalisme aux Pays-Bas

Au lendemain de la Seconde Guerre mondiale, les Pays-Bas étaient une terre d'émigration. Nombre de leurs ressortissants partaient vers le Canada, l'Australie, la Nouvelle-Zélande ou les États-Unis. Puis le pays s'est rapidement transformé en terre d'accueil, des immigrants des anciennes colonies néerlandaises arrivant d'Indonésie, du Surinam, des Antilles néerlandaises. Dans les années 1960, en raison d'une pénurie de main-d'oeuvre, les travailleurs du Sud de l'Europe ont été aussi invités à s'installer aux Pays-Bas. Les autorités ont alors conclu des accords d'embauche avec la Turquie (1964) et le Maroc (1969).

Au départ, ces travailleurs étaient censés regagner leur pays d'origine après une période donnée. Les autorités néerlandaises encourageaient l'intégration, tout en insistant sur la nécessité de « conserver sa propre identité[1] ». Les enfants devaient être éduqués dans leur langue et leur culture d'origine pour éviter qu'ils ne se coupent de leurs racines et ne rencontrent de graves problèmes d'adaptation à leur retour dans leur pays. Les immigrants sont finalement restés ; mais l'idée « d'intégration tout en conservant son identité propre » a également perduré.

Avec l'arrivée de travailleurs étrangers et les regroupements familiaux, une nouvelle catégorie de population s'est dessinée, avec des répercussions sur la composition religieuse du pays. En cinquante ans, l'islam est passé du statut de petite religion autour de quelques milliers de fidèles à celui de troisième religion du pays, avec près d'un million de croyants.

Durant de nombreuses années, un large consensus réunissait tous les partis politiques autour de l'idée que le multiculturalisme était désirable. Celui-ci peut être défini comme une conception politique fondée sur le principe d'égalité entre les différentes communautés culturelles cohabitant sur un territoire donné. Il s'est progressivement transformé aux Pays-Bas en une sorte de doctrine d'État. Ce n'est qu'avec la montée en puissance du leader populiste de droite Pim Fortuyn, assassiné en 2002, que la notion de société multiculturelle fut, pour la première fois, remise en question[2].

On s'attachera ici à trois manifestations frappantes de la crise du multi-culturalisme : l'essor du Parti pour la liberté (Partij voor de Vrijheid, PVV) de Geert Wilders ; la relation conflictuelle qu'entretiennent nombre de Néerlandais avec l'islam ; et les efforts, principalement des elites' progressistes, à gauche de l'échiquier politique, visant à préserver ce multiculturalisme. Éléments fortement corrélés, mais que l'on abordera ici successivement.

Le Partij voor de Vrijheid

Avec la montée en puissance de Fortuyn, il est devenu de bon ton de se déclarer opposé à la politique en vigueur en matière d'immigration et d'intégration. Le leader populiste de droite critiquait durement le relativisme culturel animant la grande majorité des élites politique et culturelle ; il entendait supprimer l'article premier de la Constitution – qui établit le principe de non-discrimination – et s'opposait durement à l'islam.

Après la mort de Fortuyn, ses idées furent plus ou moins reprises par le PVV de Wilders. Celui-ci s'oppose farouchement à la société multiculturelle, proclamant sa volonté de protéger la « culture néerlandaise » : le tout non sans succès. Pendant 18 mois – entre octobre 2010 et avril 2012 –, le PVV a toléré un gouvernement minoritaire réunissant les démocrates-chrétiens de l'Appel démocrate-chrétien (Christen Democratisch Appel, CDA) et les libéraux du Parti populaire pour la liberté et la démocratie (Volkspratij voor Vrijheid en Democratie, VVD). Wilders a appuyé le gouvernement Rutte I sur la réduction des dépenses publiques, et a obtenu le soutien de ce dernier sur sa politique d'immigration et d'intégration.

Selon Chris Aalberts, qui a étudié les partisans du Partij voor de Vrijheid par le biais de groupes de discussion, le vote en faveur du PVV repose sur un facteur déterminant : des expériences négatives avec des étrangers. Pour Aalberts, « ce qui les séduit chez Wilders, ce sont les propositions concernant de la société multiculturelle[3] ». La critique du multiculturalisme, et notamment de l'islam, est devenue le thème principal du parti.

Le PVV a radicalisé sa vision de l'islam, qui se reflète dans les propositions qu'il a soumises depuis 2007. Toutes visent l'expulsion progressive de l'islam et la marginalisation des musulmans : interdiction du Coran, fermeture des écoles coraniques, interdiction de construire des mosquées, arrêt total et permanent de l'accueil d'immigrés en provenance de pays musulmans, suppression des aides aux médias et aux institutions islamiques, interdiction du port du voile dans différentes professions et dans les bâtiments publics, interdiction des leçons sur le Coran à l'école, taxe sur le port du voile[4].

En dépit du caractère néolibéral de son programme économique, et de la détérioration de ses résultats électoraux[5], les électeurs continuent d'être attirés par le PVV. L'adhésion au parti repose sur deux axes : le rejet du multiculturalisme et un fort sentiment antimusulman[6].

Les Néerlandais et l'islam : une relation problématique

Aux Pays-Bas, on peut globalement distinguer deux camps quant au regard porté sur l'islam. Les uns le considèrent comme une religion parmi d'autres ; les autres comme une idéologie à combattre. Le PVV appartient radicalement à la seconde catégorie. Avec ses campagnes contre l'islam, il diffuse une méfiance généralisée vis-à-vis de cette religion. Selon une enquête d'opinion menée en 2007, 51 % des Néerlandais considéraient cette dernière comme une menace pour le pays ; seuls 13% d'entre eux la voyaient comme une source d'enrichissement culturel[7]. Ces résultats sont confirmés par d'autres enquêtes. Une étude menée en 2008 par le *Volkskrant's Geschiedenismonitor,* le *Historisch Nieuwsblad* et *Andere Tijden* montrait que 56 % des Néerlandais estimaient alors que l'islam représentait une menace pour l'identité néerlandaise ; 57 % pensant que l'accueil de larges groupes d'immigrés avait constitué la plus grande erreur de l'histoire des Pays-Bas[8].

Six ans plus tard, les résultats ne se sont pas améliorés, bien au contraire. Selon une étude menée en 2014, 65 % des Néerlandais estimaient que la culture musulmane n'avait pas sa place aux Pays-Bas. C'est également le cas pour la majorité des électeurs du Parti du travail (Partij van de Arbeid, PvdA), d'orientation sociale-démocrate, du Parti socialiste (Socialistische Partij, SP) et du CDA[9].

L'intégration des musulmans dans la société néerlandaise demeure problématique. Les immigrants préfèrent ainsi se marier dans leur propre groupe d'origine[10]. Le chômage, la pauvreté, la création d'écoles particulières ainsi que la réticence, au sein de certains groupes, à adopter les valeurs laïques de la culture néerlandaise constituent autant d'obstacles majeurs à l'intégration. Ce qui transparaît par exemple dans les statistiques des crimes et délits. Si l'on en croit les résultats de l'étude menée en 2010 par le professeur

Arjan Blokland et ses collègues, 23 % des hommes et 5 % des femmes d'origine néerlandaise nés avant 1984 avaient eu affaire à la police au moins une fois avant l'âge de 23 ans. Les jeunes garçons d'origine marocaine sont surrepresentés dans les dossiers de la police : 54 % d'entre eux ont été signalés au moins une fois, et parmi ces derniers un tiers l'a été cinq fois ou plus. Les filles d'origine marocaine sont également surreprésentées dans ces mêmes chiffres[11].

Nombre de ces adolescents vivent dans ce que l'on désigne comme les « quartiers Vogelaar ». En mars 2007, Ella Vogelaar, ministre sociale-démocrate de l'Intégration et du Logement, publiait une liste de 40 zones comparables aux 751 zones urbaines sensibles (ZUS) répertoriées par le gouvernement français. Le chômage, les problèmes d'identité, la délinquance, la colère, inspirée ou non par la religion, sont autant d'éléments favorisant l'émergence de croyances et de comportements extrêmes chez ces jeunes musulmans.

Selon un sondage publié par l'hebdomadaire *Elsevier*, dans les quatre grandes villes de l'agglomération urbaine de l'Ouest des Pays-Bas, le Randstad, un professeur d'histoire sur cinq trouverait parfois difficile de mentionner l'Holocauste, notamment parce que cela poserait problème à certains élèves musulmans[12]. En 2010, le journaliste Paul Andersson Toussaint affirmait que dans plusieurs quartiers d'Amsterdam, des juifs portant la kippa ou un habit orthodoxe ne pouvaient paraître en public sans courir le risque d'être insultés, menacés, voire même agressés. Constat touchant les quartiers de De Baarsjes, de Nieuw-West, d'Indische Buurt et de Transvaalbuurt à l'est d'Amsterdam, ainsi que le Pijp, au sud – en résumé des quartiers comprenant une forte proportion de Néerlandais d'origine marocaine. Depuis des années, l'ensemble des écoles, synagogues et autres institutions juives font d'ailleurs l'objet d'une étroite surveillance[13].

À noter que des cas de violence à l'encontre d'homosexuels susceptibles d'être identifiés comme tels ont aussi été signalés. Une enquête de 2006 de l'Inspection de l'éducation néerlandaise montre que 40 % des jeunes musulmans âgés de 16 ans rejettent l'homosexualité en tant que telle. Cette proportion est de 13 % chez les jeunes chrétiens et de 3 % pour les non-pratiquants[14].

L'extrémisme se manifeste également dans l'influence grandissante des salafistes dans les cercles islamiques. En 2009, le rapport annuel du Service général de renseignement et de sécurité des Pays-Bas (AIVD) concluait : « Les publications émanant de l'AIVD sur les risques représentés par le salafisme et les mesures prises en conséquence par le gouvernement, y compris au niveau local, ont également contribué à accroître la résistance de la communauté musulmane néerlandaise face à la radicalisation. Grâce à cette évolution, une part importante des conditions propices à l'apparition d'un terrorisme djihadiste a été réduite. Aux niveaux local et national, une partie de la communauté musulmane néerlandaise se prononce de plus en plus fréquemment contre le message anti-intégration et intolérant du salafisme. Actuellement, cette résistance accrue provoque la stagnation du mouvement salafiste dans notre pays[15] ».

En 2014, cet optimisme n'est plus de mise. Pour le coordinateur national pour la sécurité et le contre-terrorisme, Dick Schoof, « la situation n'a jamais été aussi préoccupante qu'aujourd'hui ». Non seulement parce que des jeunes se rendent toujours en Syrie, mais également parce que la radicalisation progresse au sein de certains mouvements islamiques dans le pays. À la question : combien de musulmans néerlandais appuient les actes de violence commis par l'État islamique en Irak et en Syrie, Schoof répondait : « On parle là de quelques milliers de Néerlandais. Il est très préoccupant qu'autant de personnes éprouvent de la sympathie pour un mouvement qui prévoit également de mener des attaques ici. Je me demande si la communauté musulmane a le même niveau de défense qu'il y a quelques années. On peut constater une vraie mutation. Alors que par le passé, la Dawa salafiste [la branche la plus orthodoxe de l'islam] s'opposait au *djihad*, ce n'est plus toujours le cas aujourd'hui »[16].

Le diagnostic ne semble pas exagéré. Une étude de 2013 fait apparaître nettement que la révolution conservatrice qui traverse l'islam a gagné les Pays-Bas. Les musulmans d'origine marocaine et turque résidant dans le pays éprouvent une grande sympathie envers ceux qui se rendent en Syrie pour combattre le régime de Bachar el-Assad : selon un sondage publié par *Elsevier*, près des trois quarts d'entre eux les considèreraient comme des héros[17].

Une révolte des élites ?

Dans *The Revolt of the Elites and the Betrayal of Democracy* (1995), l'historien Christopher Lasch avertit : « Il y a toujours eu une classe privilégiée même aux États-Unis, mais elle n'a jamais été si dangereusement isolée de son environnement[18]. » Et il poursuit : « Les classes privilégiées de Los Angeles ont plus d'affinités avec celles du Japon, de Singapour et de Corée qu'avec la plupart de leurs compatriotes. Les mêmes tendances sont à l'oeuvre à l'échelle mondiale. En Europe, les référendums sur l'intégration ont révélé un écart croissant entre la classe politique et les couches plus défavorisées, qui craignent que la Communauté économique européenne n'en vienne à être dominée par des bureaucrates et des techniciens dénués de tout sentiment d'appartenance nationale. Pour ces dernières, une Europe gouvernée par Bruxelles serait de moins en moins soumise à un contrôle populaire. Le langage international de l'argent y parlerait plus fort que les dialectes locaux. Ces peurs mettent en évidence le retour des particularismes ethniques en Europe, tandis que le déclin de l'État-nation affaiblit la seule autorité capable de contenir les rivalités ethniques. En retour, la renaissance du tribalisme renforce l'existence d'un cosmopolitisme réactif parmi les élites[19]. »

Les élites culturelle et politique favorables au multiculturalisme se trouvent de plus en plus confrontées à une opinion publique qui s'y oppose. Martin Bosma, sociologue et idéologue du PVV, décrit ainsi ce schisme national : « Avec l'immigration de masse, l'élite de gauche a créé une fracture sans précédent dans la société. Les partisans de l'idéal multiculturel font face à des gens qui se font peu d'illusions sur l'immigration de masse. Ces deux visions du monde, cette fracture, dominent les Pays-Bas, la politique néerlandaise et les débats des cafés du commerce. Ce sont elles qui divisent les familles et les cercles d'amis. Dans une certaine mesure, cette ligne de division est bien socio-économique. Ceux qui ont le travail le plus rude – les gens ordinaires – n'ont jamais montré aucune sympathie à l'égard de l'immigration de masse. L'élite, elle, considère les sottises multiculturelles comme la plus belle invention depuis le pain découpé en tranches[20]. »

Car ce sont notamment les élites politique et culturelle progressistes, de gauche, qui défendent le multiculturalisme. Dès 1984, la célèbre éditorialiste Anet Bleich formulait un paradigme politique toujours valide, bien qu'aujourd'hui plus modérément formulé. Elle indiquait défendre « la proposition selon laquelle la plainte contre la cage d'escalier mal entretenue par "eux" et la chambre à gaz constituent les deux faces opposées d'un même univers raciste[21] ».

Dans *La Folie qui entoure Wilders. Psychologie de la polarisation aux Pays-Bas* (2010), le réalisateur et psychothérapeute Joost Bosland compare la montée en puissance de Wilders au syndrome psychiatrique dit *borderline*. Il identifie dans la société contemporaine « une polarisation accrue et une division entre deux camps, ainsi qu'une lutte de chacun pour sa propre vérité et ses droits particuliers ». Pour Bosland, Wilders, tout comme avant lui Fortuyn, propose « quelque chose à quoi se raccrocher dans un contexte politique tendu. La réalité actuelle appelle de plus en plus de solutions simplistes et "définitives", parce que les gens sont de plus en plus dépassés et ont besoin d'un cap à suivre »[22]. Nombreux sont ceux qui approuveront Bosland lorsqu'il décrit des populations de plus en plus dépassées. Mais, dans le même temps, il compare « les idées extrêmes et les préjugés envers les migrants, l'islam et la politique en général » à un « virus » se propageant « à travers les médias et le bouche-à-oreille »[23].

Le fameux historien Maarten Van Rossem, porte-étendard de la social-démocratie, fait aussi appel aux métaphores médicales. Il reproche à Wilders d'avoir « créé un monde paranoïaque fantasmé[24] » et résume ainsi la situation : « Le plus grand méfait de Fortuyn est d'avoir injecté l'illusion de l'islamisation dans le système sanguin du pays. » Avec Wilders, cette illusion s'est transformée en « gigantesque tumeur idéologique »[25].

Bosland et Van Rossem ne sont pas les seuls à se montrer sévères à l'égard des détracteurs du multiculturalisme et à défendre le relativisme culturel, soit une vision au sein de laquelle normes et valeurs de toutes cultures ont rang égal. Mais leur avis n'est pas universellement partagé. En 2001 déjà, l'éditorialiste libéral et philosophe du droit Paul Cliteur affirmait : « les maires et l'élite intellectuelle qui ont pris les rênes de l'administration publique depuis les années 1960 sont totalement tombés sous l'emprise de ce relativisme culturel[26] ». Cette opinion ne l'a guère servi. Quelques années plus tard, victime de menaces, il a dû se retirer du débat sur l'immigration et l'islam. Le PVV adhère fortement à la critique du relativisme culturel formulée par Cliteur, souvent de façon peu diplomatique, ce qui a provoqué quelques réactions violentes de la part des élites politiques et culturelles.

Le 20 septembre 2007, l'ancien préfet de police d'Amsterdam, Joop Van Riessen, tenait à la télévision nationale les propos suivants sur Wilders : « On peut avoir envie de proposer de s'en débarrasser, tout simplement. Il faut juste qu'il disparaisse tout de suite et qu'il ne puisse jamais réapparaître. C'est une réaction normale. » À propos des 540 000 électeurs du PVV en 2006, il poursuivait : « Il y a donc des milliers de personnes qui n'ont pas leur place dans la société nouvelle que nous sommes en train de bâtir. On serait tenté de dire qu'ils doivent quitter le pays, qu'ils ne sont plus chez eux ici »[27].

Dans une attaque qui a fait grand bruit en février 2008, Henk Hofland – distingué en 1999 par ses collègues comme « meilleur journaliste néerlandais du XXe siècle » – a appelé à la levée de la protection policière de Wilders : « Il pourra ainsi se rendre compte du sort que connaissent ceux qu'il met en danger », commentait-il[28].

On peut également relever que nombre des détracteurs de Wilders établissent un lien entre le PVV – et sa critique du multiculturalisme – et le national-socialisme. Le social-démocrate et ancien maire d'Amsterdam Job Cohen estime ainsi que la menace planant sur les musulmans des Pays-Bas rappelle la situation des juifs dans l'entre-deux-guerres. Mais en 2004, Ayaan Hirsi Ali, chercheur en science politique, lui répondait : « Vous avez comparé la situation des juifs en Europe dans les années 1930 et 1940 à celle des musulmans dans l'Europe actuelle. Ce parallèle ne tiendra pas. Sur l'autoroute de l'histoire, vous roulez à contresens. [...] Vous vous entêtez à combattre les démons du passé. Dans l'Europe actuelle, les musulmans ne font pas face aux mêmes risques que les juifs voici 65 ans. Au contraire, ce sont les musulmans qui diffusent la haine et l'intolérance en Europe. Lorsque, dans votre analyse du problème d'intégration actuel, vous vous laissez guider par l'expérience de la Seconde Guerre mondiale, vous ressemblez au conducteur-fantôme : tout le monde essaie de vous prévenir de faire demi-tour à grand renfort d'appels de phares, mais vous vous acharnez à rouler à contresens. Ce que vous voyez comme un choix généreux n'est en fait qu'un entêtement stérile[29] ».

Quand Wilders a mis en doute la loyauté de deux hommes politiques musulmans du pays, la journaliste Elsbeth Etty l'a violemment attaqué, rappelant que seuls les occupants allemands avaient exigé une « déclaration de loyauté[30] ».

Lorsque le PVV a soulevé la question du coût de l'immigration de masse, la sociologue et responsable politique Evelien Tonkens, affiliée à la Gauche verte (Groen Links), a commenté dans *Volkskrant* : « Les nazis ont réduit certains de leurs compatriotes à l'état d'instruments sur lesquels ils menaient des expériences scientifiques. Nous sommes tous opposés à cela. Nous devrions donc être contre l'instrumentalisation des nouveaux Néerlandais, et continuer à l'être. Les actes des Wilders sont fascistes, d'une manière qu'il n'avait pas montrée jusqu'à maintenant[31] ».

Traiter Wilders de « fasciste », c'est pourtant relativiser la nature du Troisième Reich. La comparaison entre le PVV et le national-socialisme reste plutôt irréaliste : les convictions politiques de Wilders et de ses collaborateurs sont explicitement pro-israéliennes, pro-américaines et libertaires. Ils défendent le droit à l'avortement, la sélection d'embryons et l'euthanasie, tout en s'érigeant en défenseurs de l'émancipation des femmes et des homosexuels, selon eux menacés par l'islam[32].

Dans un tel contexte, il semble donc que les élites au pouvoir, notamment de gauche, aient fait de la critique des problèmes d'intégration une affaire prioritairement morale.

L'avenir du multiculturalisme

La notion de société multiculturelle fait aussi débat à l'international, quelques responsables politiques de premier plan déclarant même que le multiculturalisme avait échoué. En février 2011, Nicolas Sarkozy déclarait : « On s'est trop préoccupé de l'identité de celui qui arrivait et pas assez de l'identité du pays qui accueillait. » Et quand on lui demanda si le multiculturalisme était un échec, le président français répondit : « Ma réponse est clairement oui, c'est un échec »[33]. Remarques faisant écho aux propos d'Angela Merkel d'octobre 2010, qualifiant le multiculturalisme d'« échec absolu[34] ». En février 2011, le Premier ministre britannique David Cameron avait, lui, dénoncé le « multiculturalisme d'État » : « Nous avons laissé notre identité collective s'affaiblir. Avec la doctrine du multiculturalisme d'État, nous avons encouragé les différentes cultures à vivre des vies séparées, séparées les unes des autres et coupées de celle de la majorité. Nous avons échoué en ne proposant pas une vision de la société à laquelle ces communautés auraient pu se sentir appartenir. Nous avons toléré des communautés pratiquant la ségrégation et se comportant de manière totalement opposée à nos valeurs. Ainsi, lorsqu'une personne blanche tient des propos inacceptables, racistes par exemple, nous les condamnons. Mais lorsque des propos ou des pratiques tout aussi inacceptables sont le fait de personnes qui ne sont pas blanches, nous sommes franchement trop prudents – et même craintifs – pour pouvoir réagir. Certains ont fermé les yeux sur les horreurs du mariage forcé, une pratique selon laquelle des jeunes filles sont tyrannisées et parfois envoyées à l'étranger pour se marier contre leur volonté: il s'agit là d'un bon exemple »[35].

Aux Pays-Bas, certains responsables politiques de premier plan ont aussi pris leurs distances avec l'idée de société multiculturelle. En 2011, le Premier ministre Mark Rutte (VVD) disait du multiculturalisme que « cette expérience [avait] été enterrée dans les années 1980[36] ». Cette assertion était pour le moins étonnante. Une enquête parlementaire (la commission Blok) de 2004 avait en effet conclu que « l'intégration des étrangers a totalement ou partiellement réussi ; il s'agit là d'une grande avancée à la fois pour les ressortissants étrangers et pour la société qui les accueille[37] ».

Nombre de représentants des élites partagent cet avis. Pour ces derniers, souvent des anciens soixante-huitards, nationalisme et identité nationale (ou patriotisme[38]) sont quasi synonymes : ils ont progressivement remplacé l'identité nationale par un cosmopolitisme culturellement et financièrement faussé, sans lien avec l'État-nation. Dans cette logique, les différentes cultures ne sont acceptables que si les minorités ne se sentent pas traitées injustement ou victimes de discrimination. Dans ce contexte, d'anciennes traditions néerlandaises peuvent se retrouver mises en cause.

En 2014, le tribunal d'Amsterdam a conclu que l'arrivée annuelle de saint Nicolas et de son acolyte Zwarte Piet – l'équivalent du père Fouettard, présenté aux Pays-Bas sous les traits d'un Noir quelque peu ridicule – pouvait représenter une discrimination à l'égard des Noirs. Pour le tribunal, le maire d'Amsterdam, Eberhard Van der Laan, avait agi avec légèreté en autorisant l'événement en 2013, sans prendre en compte ces sensibilités. Il devait en conséquence revoir sa décision dans un délai de six semaines pour l'édition 2014[39], cette tradition étant susceptible de rappeler l'esclavage à la population noire. De tels verdicts, qui ignorent les *intentions* de certaines traditions, peuvent se révéler contre-productifs. En l'occurrence, les intentions n'étaient certainement pas racistes. Nombreux seront ceux qui considéreront la déconstruction de cette ancienne festivité néerlandaise comme une preuve supplémentaire de ce que Lasch nomme « la vision touristique du monde[40] » des nouvelles élites.

Le débat entre partisans et détracteurs du multiculturalisme aux Pays-Bas est de plus en plus polarisé. Un nombre croissant de Néerlandais considèrent ce dernier comme une utopie, et pensent que la tolérance à l'égard des immigrés devrait avoir des limites. Ils se demandent aussi s'il est possible de vivre ensemble sans partager une histoire, une langue ou une culture communes. Mais l'écrasante majorité des élites est toujours fermement engagée en faveur du multiculturalisme.

La notion traditionnelle de celui-ci devrait probablement être modifiée mais aucune alternative claire ne se présente encore. L'idée de la construction sociale d'un « nouveau Néerlandais » est sans doute vouée à l'abandon. L'histoire montre en effet que ce type de démarche conduit généralement à l'échec.

Les Pays-Bas et la crise du multiculturalisme, *Politique étrangère,* 4, 2014, 183-195.

Notes:

1. P. Scheffer, *Het land van aankomst* [Le Pays d'arrivée], Amsterdam, De Bezige Bij, 2009, p. 274.
2. Voir J.H. Brinks, « Les Pays-Bas, entre islam et populisme », *Politique étrangère*, vol. 70, n° 3, automne 2005, p. 587-598.
3. C. Aalberts, *Achter de PVV. Waarom burgers op Geert Wilders stemmen* [Derrière le PVV. Pourquoi les citoyens votent pour Geert Wilders], Delft, Eburon, 2012, p. 157.
4. Voir J.H. Brinks, « Fragilités du pacte démocratique aux Pays-Bas : Geert Wilders et l'islam », *Politique étrangère*, vol. 75, n° 4, hiver 2010, p. 899-911.

5. Si l'on ne prend en compte que les pourcentages, le déclin du PVV est manifeste : il occupait 26 sièges en 2009, 24 en 2010, 19 en 2011 et 15 en 2012. Voir K. Vossen, *Rondom Wilders : portret van de PVV* [À propos de Wilders : portrait de PVV], Amsterdam, Boom, 2013, p. 225. De même, aux élections au Parlement européen du 22 mai 2014, le PVV a perdu l'un de ses cinq sièges. Kiesraad, *Uitslag verkiezing leden Europees Parlement van 22 mei 2014* [Conseil électoral, Résultats de l'élection des membres du Parlement européen du 22 mai 2014], disponible sur : <www.kiesraad.nl>. L'échec de Wilders a poussé certains commentateurs à affirmer que le parti était bien en déclin. Des sondages effectués au cours des premiers mois de 2014 suggéraient que le PVV pourrait devenir la première force du pays si des élections nationales étaient organisées. Le résultat final des élections européennes fut certes décevant pour le PVV ; il n'en reste pas moins qu'il est devenu le deuxième parti néerlandais, ensemble avec Democraten 66 (D66).
6. L'historien et journaliste Koen Vossen conclut également que, selon plusieurs enquêtes et entretiens, la plupart des électeurs du PVV ont choisi Wilders en raison de ses opinions sur l'immigration, l'intégration et la lutte contre la criminalité. Voir K. Vossen, *op. cit.,* p. 254.
7. B. Benneker, « Peiling : meerderheid vindt islam bedreiging » [« La majorité pense que l'islam est une menace »], *Elsevier,* 9 août 2007.
8. P. Giesen, « Nederlander heeft weinig kaas gegeten van historie » [« Les Néerlandais ne connaissent presque rien de l'histoire »], *de Volkskrant,* 26 mars 2008.
9. B. Paternotte, « 65 procent van de kiezers: Islamitische cultuur hoort niet bij Nederland » [« 65 pour cent des électeurs : la culture musulmane n'a pas sa place aux Pays-Bas »], *The Post Online,* 26 juin 2014.
10. Seuls 10 % des hommes d'origine turque ou marocaine qui se sont mariés en 2006 l'ont fait avec une femme d'origine néerlandaise. CBS, *Emancipatiemonitor 2008* [Statistiques Pays-Bas, Observatoire de l'émancipation 2008], 2008, p. 33.

11. A. Blokland, K. Grimbergen, W. Bernasco et P. Nieuwbeerta, « Criminaliteit en etniciteit. Criminele carrières van autochtone en allochtone jongeren uit het geboortecohort 1984 » [« Criminalité et origine ethnique. Carrières criminelles des jeunes d'origine néerlandaise et des jeunes migrants nés aux Pays-Bas en 1984 »], *Tijdschrift voor Criminologie* [Revue de criminologie], vol. 52, n° 2, 2010, p. 122. Voir aussi J.H. Brinks, « Fragilités du pacte démocratique aux Pays-Bas », art. cité, p. 904.
12. R. Stiphout, « Moslimleerlingen hebben moeite met Holocaust-les » [« Les élèves musulmans ont du mal à supporter les cours sur l'Holocauste »], *Elsevier*, 27 avril 2010.
13. P. Andersson Toussaint, « Antisemitisme is meer dan een incident. Het is normaal » [« L'antisémitisme est plus qu'un incident. Il est normal »], *NRC Handelsblad*, 12 juin 2010.
14. L. Buijs, G. Hekma et J.W. en Duyvendak, *Als ze maar van me afblijven. Een onderzoek naar antihomoseksueel geweld in Amsterdam* [Tant qu'ils restent loin de moi. Une enquête sur la violence à l'encontre des homosexuels à Amsterdam], Amsterdam, Amsterdam University Press, 2009, p. 31.
15. AIVD, *Jaarverslag 2009 [Rapport annuel 2009]*, 2009, p. 19, disponible sur : <www.jaarverslag.aivd.nl>. Voir J.H. Brinks, « Fragilités du pacte démocratique aux Pays-Bas », art. cité, p. 904.
16. A. Kouwenhoven, « Ex-radicalen inzetten om groei aantal jihadi's te voorkomen » [« Ex-radicaux engagés à prévenir la croissance du nombre de djihadistes »], *NRC Handelsblad*, 30 juin 2014. Voir la publication de l'AIVD, *Transformatie van het jihadisme in Nederland. Zwermdynamiek en nieuwe slagkracht* [Mutations du djihadisme aux Pays-Bas. Dynamiques de regroupement et nouvelles forces], juin 2014, résumé en néerlandais disponible sur : <https://www.aivd.nl>.
17. S. Deira, « Driekwart Nederlandse moslims vindt Syrië-gangers helden » [« Les trois-quarts des musulmans néerlandais pensent que les combattants en Syrie sont des héros »], *Elsevier*, 28 mai 2013.

18. C. Lasch, *The Revolt of the Elites and the Betrayal of Democracy,* New York, NY, W.W. Norton, 1995, p. 4.
19. *Ibid.*, p. 46
20. M. Bosma, *De schijn-elite van de valse munters* [La Pseudo-élite de faussaires], Amsterdam, Bakker, 2010, p. 284.
21. A. Bleich, « Inleiding » [« Introduction »], in A. Bleich, P. Schumacher et al., *Nederlands racisme [Le Racisme néerlandais],* Amsterdam, Van Gennep, 1984, p. 11.
22. J.Bosland, *De Waanzin rond Wilders. Psychologie van de polarisatie in Nederland* [La Folie qui entoure Wilders. Psychologie de la polarisation aux Pays-Bas], Amsterdam, Balans, 2010, p. 15.
23. *Ibid.*, p. 20.
24. M. Van Rossem, *Waarom is de burger boos? Maarten Van Rossem over hedendaags populisme* [Pourquoi le citoyen est-il fou ? Maarten Van Rossem à propos du populisme contemporain], Amsterdam, Nieuw Amstersam, 2010, p. 7.
25. *Ibid.*, p. 121-122.
26. P. Cliteur, « Niet alle culturen zijn gelijkwaardig » [« Les cultures n'ont pas toutes la même valeur »], *NRC Handelsblad,* 16 octobre 2001, repris dans R. Rutgers et G. Molier, *Het multiculturele debat. Integratie of assimilatie?* [Le Débat sur le multiculturalisme. Intégration ou assimilation ?], La Haye, Boom Juridische uitgevers, 2004, p. 48.
27. J. Van Riessen, dans l'émission Pauw & Witteman, diffusée par NPS/VARA sur la chaîne de télévision Nederland 1, 20 septembre 2007, disponible sur : <www.youtube.com/watch?v=Jyx8l7LSVIU>.
28. H. Hofland, dans l'émission Pauw & Witteman, 29 février 2008, disponible sur : <www.youtube.com/watch?v=CHhwRG3qnT4>.
29. A. Hirsi Ali, « Open brief aan burgemeester Job Cohen » [« Lettre ouverte au maire Job Cohen »], *Trouw*, 6 mars 2004.
30. E. Etty, « Meervoudige loyaliteiten » [« Allégeances multiples »], *NRC Handelsblad,* 27 février 2007.
31. E. Tonkens, « Wilders stinkende vraag » [« La question malodorante de Wilders »], *de Volkskrant,* 29 juillet 2009.
32. Voir K. Vossen, *op. cit.,* p. 105.

33. « Nicolas Sarkozy Joins David Cameron and Angela Merkel View that Multiculturalism Has Failed », *Daily Mail,* 11 février 2011.
34. A. Merkel, « Multikulti-Gesellschaft ist "absolut gescheitert" » [« La société multiculturelle a "complètement échoué" »], *Online Focus,* 16 octobre 2010.
35. D. Cameron, « PM's Speech at Munich Security Conference », 5 février 2011, disponible sur : <www.gov.uk>.
36. R. Van der Kloor, « Rutte: Multiculturele samenleving begraven experiment » [« L'expérience de la société multiculturelle enterrée »], *Elsevier*, 23 février 2011.
37. R. Rutgers et G. Molier, op. cit., p. VI.
38. Dans son ouvrage *Patriotisme en nationalisme*, l'historien néerlandais Johan Huizinga affirme qu'il y a une différence fondamentale entre les deux concepts. Selon lui, le patriotisme est « la volonté de faire respecter et de défendre ce qui nous appartient et nous est cher », alors que le nationalisme est « le besoin pressant de dominer, la soif d'imposer son propre peuple ou son propre État avant tout, au détriment des autres ». J. Huizinga, *Patriotisme en nationalisme in de Europeesche geschiedenis tot het einde der 19e eeuw* [Patriotisme et nationalisme dans l'histoire de l'Europe jusqu'à la fin du 19e siècle], Haarlem, Tjeenk Willink, 1940, p. 9.
39. Voir M.N. Sharifi, « Mensen negeren Zwarte Piet niet meer » [« Les gens n'ignorent plus Zwarte Piet »], *NRC Reader*, 4 juillet 2014.
40. C. Lasch, *op. cit.*, p. 6.